Gonsar Rinpotsche

Buddhas erste Unterweisung

Die Vier edlen Wahrheiten

Gonsar Rinpotsche

Buddhas erste Unterweisung

Die Vier edlen Wahrheiten

Überarbeitet und herausgegeben von Schülern Gonsar Rinpotsches

EDITION RABTEN

Erste Auflage 2004

http://edition.rabten.com

Bei der textlichen Überarbeitung haben mitgewirkt:
Helmut Gassner, Albin Oberhammer, Martina Klauda und Ingund Gassner

Satz und Umschlaggestaltung: Edition Rabten

Photos: *Sandbild Umschlag, Portrait Umschlagklappe, Bilder auf den Seiten 9 und 11:* Ruedi Hofstetter

Druck und Bindung: Edition Rabten

Gedruckt auf säurefreiem, chlorfrei gebleichtem Papier

ISBN 3-905497-52-2

Inhalt

Das *Umschlagmotiv* stellt einen Lotus dar. Dieses Symbol wurde von tibetischen Mönchen des Klosters Ganden Schartse (Südindien) in Sand gestreut.

Der *Lotus* symbolisiert den Geist der vollkommenen Erleuchtung, der aus Entsagung entstanden ist. In gleicher Weise, wie sich der Lotus aus dem verschmutzten Wasser abhebt und der Sonne entgegen wächst, ist es die Entsagung, die uns aus dem Sumpf des Samsara (Daseinskreislauf) heraushält und den Zustand der vollkommenen Erleuchtung möglich macht.

Die Technik des Streuens von Sandbildern ist eine der traditionellen Künste des tibetischen Buddhismus. Sie wurde von Buddha in den großen Tantras als besonders geeignet für das Herstellen von Mandalas empfohlen und ist bis heute in den großen Klöstern Tibets erhalten geblieben.

Vorwort des Herausgebers

Dieses Buch ist aus der Niederschrift der Vorträge entstanden, die der Ehrwürdige Gonsar Rinpotsche am 9., 16., 25.11 und am 9.12.1998 an der Volkshochschule Basel gegeben hat.

Gonsar Rinpotsche ist einer der herausragenden Meister in der Übertragungslinie des großen Kyabdsche Tridschang Rinpotsche. Diesen Meistern verdanken wir es, daß die authentischen Unterweisungen des Buddhismus im Westen vollständig erhalten sind. Wir fühlen uns daher dem traditionellen Lehrstil dieser Meister, dem auch Gonsar Rinpotsche folgt, verpflichtet und bemühen uns, so nah wie möglich am gesprochenen Original zu bleiben, damit die eindringliche Klarheit, die Rinpotsches Darlegungen so besonders machen, auch bei der Lektüre spürbar bleibt. Wiederholungen, die die Funktion haben, bestimmte Punkte fest einzuprägen, wurden deshalb nur wenig gekürzt oder bearbeitet. Für eventuelle textliche oder inhaltliche Unzulänglichkeiten zeichnet einzig der Herausgeber verantwortlich.

Wir möchten an dieser Stelle dem Ehrwürdigen Gonsar Rinpotsche für seine weise Führung und Unterstützung danken, ohne die unsere Arbeit gar nicht möglich wäre. Unser Dank gilt auch allen Dharmafreunden für ihre hilfreichen Beiträge.

Wir freuen uns, diese Unterweisungen als Buch veröffentlichen zu können, und sind sicher, daß sie den Lesern von persönlichem Gewinn sein werden.

Mögen die Halter dieser Unterweisungen lange leben, und mögen durch sie Mitgefühl und Weisheit in uns zunehmen.

Die Herausgeber
Le Mont-Pèlerin, im August 2004

Einleitung

Das Wesen von Religion

Im Buddhismus wird gesagt, jede Religion oder jeder geistige Weg habe drei Schwerpunkte: Anschauung, Verhalten und Meditation. Jede Religion lehrt eine bestimmte Anschauung oder Philosophie, jede Religion lehrt ein bestimmtes ethisches Verhalten, und jede Religion lehrt Meditation, das heißt, eine Methode, den Geist zu schulen. Fehlt einer dieser drei Punkte, kann ein geistiges System nicht wirklich als geistiger Weg oder als Religion bezeichnet werden.

Was diese drei Punkte betrifft, gibt es einiges an Gemeinsamkeiten zwischen den Religionen, aber auch Unterschiede. Das ist deshalb so, weil die großen Meister der Vergangenheit, die Begründer der verschiedenen Religionen, aufgrund ihrer Weisheit und ihres Erbarmens den Lebewesen jeweils passende geistige Wege gezeigt haben. Sie haben je nach den Neigungen und Bedürfnissen der Schüler verschiedene Wege beschrieben. Ziel und Zweck der verschiedenen Religionen sind nicht verschieden, sondern gleich. Das Ziel aller geistigen Wege sollte es sein, die Lebewesen von Unwissenheit und Leid zu befreien und sie in einen Zustand dauerhaften und reinen Glücks zu versetzen. Welche Methoden und Wege auch immer zu diesem Ziel führen, sie sind alle gleich wertvoll. Es gilt, sie zu schätzen und ihnen eine respektvolle und offene Haltung entgegenzubringen. Wir sollten es vermeiden, zu sagen oder zu denken: «Mein Weg ist der richtige – alle anderen sind sinnlos und ungültig.» Das wäre ein Fehler.

Es verhält sich so wie mit den medizinischen Systemen auf dieser Welt. Es gibt nicht nur ein einziges medizinisches System, sondern viele – angefangen von der Allopathie und der Homöopathie bis hin zur chinesischen, tibetischen und ayurvedischen Medizin. Obwohl es sich dabei um verschiedene medizinische Systeme handelt, ist ihr Ziel immer das gleiche: die Menschen von Krankheit zu heilen und ihnen das Glück des Freiseins von Krankheit zu gewähren. Das ist das Ziel jeder Medizin und nichts anderes. Deshalb sind alle diese gültigen medizinischen Systeme ebenso zu respektieren wie die verschiedenen geistigen Wege. Die geistigen Wege sind als Medizin für die geistigen Krankheiten zu verstehen.

Wenn man nun aber denkt, alle medizinischen Systeme könnten in einen Topf geworfen und miteinander vermischt werden, weil sie alle dasselbe Ziel haben, ist das ein Fehler. Das Produkt wäre eine Mischung mit schlechtem Resultat. Ebenso ist das Ziel der geistigen Systeme zwar dasselbe, ihre Methoden sind jedoch verschieden. Wenn wir alles durcheinanderwerfen, hat das keine guten Konsequenzen. Sofern wir die verschiedenen geistigen Wege genau kennen, besteht natürlich die Möglichkeit, die Wege in einer korrekten Weise zusammenzuführen. Ohne entsprechendes Wissen jedoch alles miteinander zu vermischen kann zu keinem guten Ergebnis führen. Für jeden Anwender von Religion ist es wichtig, zunächst zu erkennen, welcher Weg sich am besten für ihn eignet. Dann gilt es, diesem Weg ernsthaft zu folgen, zugleich aber auch den anderen Systemen Respekt entgegenzubringen und sie zu schätzen. Das wäre eine passende Einstellung.

Die drei Schulungen im Buddhismus

Richtige Anschauung, richtiges Verhalten und richtige Meditation sind die drei essentiellen Punkte des Buddhismus. Wir müssen uns zunächst eine Kenntnis von diesen drei Punkten aneignen und dann versuchen, sie richtig zu benützen. Das macht uns zu ernsthaften Anwendern des Buddhismus. Der erste Punkt ist die Anschauung. Wir Menschen können viel Unwissenheit und viele falsche Ansichten haben, deshalb ist es wichtig, zuerst das Tor zur richtigen Anschauung zu öffnen. Wie wird dieses Tor in unserem Geist geöffnet? Das gelingt nicht mit Hilfe von

Wundermitteln, sondern nur, indem wir uns bemühen, zu lernen, zu untersuchen und nachzudenken. Zunächst ist es notwendig zu lernen. Wir müssen einen Lehrer suchen und uns alles weitere beschaffen, was für ein erfolgreiches Lernen notwendig ist. An diese Aufgabe sollten wir mit der richtigen Absicht herangehen – und wir sollten nicht einfach alles, was wir gehört oder gelesen haben, blind glauben. Vielmehr sollten wir über das Gelernte nachdenken, es untersuchen und dadurch eine feste Überzeugung entwickeln.

Auf diese Weise erlangen wir die *richtige Anschauung*. Richtige Anschauung hat nichts mit seltsamen Ideen oder Phantasie zu tun. Richtige Anschauung bedeutet, ein richtiges Verständnis von Grundlage, Weg und Ziel zu haben. Was ist die grundlegende Situation der eigenen Person, der anderen Wesen und aller Dinge? Wie existieren wir? Was ist die Ursache für unsere Art des Bestehens, was sind ihre Umstände? Die grundlegende Situation der Wesen und der Dinge gilt es fehlerfrei zu erkennen. Als nächstes lernt man verstehen, wie auf der Grundlage unserer Situation der eigene Geist entwickelt werden kann. Diese Entwicklung ist der Weg, den man gehen will. Das Resultat, das wir dadurch erreichen, ist das angestrebte Ziel.

Man entwickelt eine richtige Anschauung über die Grundlage, den Weg und das Ziel. Das reicht aber nicht aus. Der nächste Punkt, das *richtige Verhalten*, ist noch wichtiger. Welche geistigen und körperlichen Erfahrungen wir machen, ob leidvolle oder glückliche, hängt davon ab, was wir mit unserem Körper, unserer Rede und unserem Geist tun. Unsere Erfahrungen sind nicht das Resultat unserer Philosophie, sondern das Resultat unserer Handlungen von Körper, Rede und Geist. Alles, was wir erfahren, ist ein Resultat von Handlungen sowohl auf der individuellen als auch auf der kollektiven Ebene. Deshalb ist das Wichtigste ein richtiges Verhalten. Wenn wir zwar einer richtigen Philosophie folgen, aber unser Verhalten negativ bleibt, dann hilft uns das nicht. Es ist unumgänglich, sich richtig zu verhalten. Richtiges Verhalten bedeutet nichts anderes, als negative Handlungen zu vermeiden und heilsame Handlungen mit Körper, Rede und Geist auszuführen.

Auf der Grundlage einer richtigen Anschauung und eines richtigen Verhaltens ist es möglich, den dritten Punkt, *richtige Meditation*, anzuwenden. Richtige Meditation ist eine Methode, mit der die positiven Neigungen in unserem Geist entwickelt werden. Wir alle besitzen in unserem Geist positive Potentiale für Weisheit, Liebe, Erbarmen, Konzentration, Geduld und so weiter. Diese Potentiale zu entwickeln und vollkommen zu machen ist eine innere, geistige Arbeit, die als geistige Schulung bezeichnet werden kann. Eine richtige Meditation ist überaus wichtig, kann aber nur erreicht werden, wenn die ersten beiden Punkte als Grundlage vorhanden sind. Wenn die richtige Anschauung und das richtige Verhalten fehlen, gibt es keine wirkungsvolle geistige Schulung. Es ist ähnlich, wie wenn wir ein Haus bauen. Zunächst benötigt man einen Baugrund. Ohne Boden können wir kein Haus bauen. Richtiges Verhalten und richtige Anschauung sind wie ein Boden, auf dem wir mit Meditation aufbauen können. So müssen alle drei Punkte zusammengeführt werden – ein Punkt allein ist nicht genug.

Der Kernpunkt des Buddhismus

Bevor weitere Erklärungen gegeben werden, gilt es, noch eine wichtige Frage zu klären: Was ist der Kernpunkt des Buddhismus?

Der Kernpunkt der Unterweisungen des Buddha ist weder Buddha selbst noch der Zustand der Erleuchtung, noch eine Gottheit, noch eine philosophische Anschauung oder Idee. Der zentrale Punkt des Buddhismus sind die *fühlenden Wesen*. Alles, was Buddha gelehrt hat, bezieht sich auf die Lebewesen. Alle Unterweisungen des Buddha, sowohl die Sutras als auch die Tantras, sind ausschließlich auf die Wesen ausgerichtet. Alle Erklärungen des Buddha beziehen sich auf ihre Situation, ihre Leiden, die Ursachen ihrer Leiden und auf die Befreiung von diesen Leiden bis zum Erlangen der Erleuchtung. Die verschiedenen Anwendungen wie Ethik und Meditation sind mit den Lebewesen verbunden. Das tragende Element der Ethik wie der gesamten Anwendung des Buddhismus ist das Erbarmen, das Mitgefühl. In diesem Zusammenhang wird immer wieder deutlich gemacht, daß die grundlegende Ethik des Buddhismus *Ahimsa* ist. Das bedeutet, wörtlich übersetzt, Schadlosigkeit. Darunter wird verstanden, alle Gedanken und Handlungen zu vermeiden, die anderen Lebewesen Schaden zufügen. Das ist die grundlegende Ethik. Alle weiteren Ebenen der buddhistischen Ethik beruhen auf dieser grundlegenden Ethik, keinem Wesen Schaden zuzufügen. So sind die ganze Philosophie ebenso wie alle Anwendungen des Buddhismus in dieser Weise einzig auf die Lebewesen ausgerichtet.

Die Vier edlen Wahrheiten

Die eigentliche Grundlage der Unterweisungen des Buddha findet man in seinen allerersten Unterweisungen. Buddha Schakyamuni ist *eine* von vielen Erscheinungen der Buddhas. Er erschien in dieser Welt, um diese Unterweisungen zu geben. Denn ein Buddha kann den Wesen den besten Nutzen geben, wenn er ihnen Unterweisungen gibt. Buddhas können auf viele Arten den Wesen von Nutzen sein, die wirkungsvollste ist jedoch das Zeigen des richtigen Weges.

Gemäß den Voraussetzungen, Neigungen und Notwendigkeiten der Schüler hat Buddha eine große Zahl unterschiedlicher Unterweisungen gegeben. Die allerersten Unterweisungen des Buddha sind die Unterweisungen über die Vier edlen Wahrheiten. Nachdem Buddha die volle Erleuchtung erlangt hatte, gab er diese Unterweisungen seinen ersten fünf menschlichen Schülern im Wald von Sarnath.

Diese vier edlen Wahrheiten sind nicht nur die *ersten* Unterweisungen des Buddha, sondern auch die *Grundlage* aller seiner Unterweisungen ebenso wie die *Essenz* aller seiner Unterweisungen. Es sind das die Unterweisungen, in denen die Bedeutung aller weiteren Unterweisungen des Buddha enthalten ist. Alle vielfältigen Aspekte der Unterweisungen des Buddha wie das Kleine Fahrzeug, das Große Fahrzeug oder das Fahrzeug der Tantras sind in den Vier edlen Wahrheiten enthalten. Und im besonderen sind diese Vier edlen Wahrheiten Unterweisungen, die für gewöhnliche Personen wie uns sehr zutreffend sind. Denn diese Unterweisungen beginnen mit einer Beschreibung des Zustandes, in dem wir gewöhnlichen Wesen uns befinden. Sie haben so eine direkte Beziehung zur Wirklichkeit und sind eine direkte Beschreibung unserer eigenen grundlegenden Wirklichkeit und in keiner Weise eine abstrakte Phantasie.

Was sind nun diese Vier edlen Wahrheiten? Sie werden im allgemeinen bezeichnet als:

- die edle Wahrheit des Leids,
- die edle Wahrheit des Ursprungs,
- die edle Wahrheit der Beseitigung und
- die edle Wahrheit des Weges.

Buddha gab diesen Unterricht in der Weise, daß er zuerst diese Wahrheiten als Einführung aufzählte. Er sagte:

Dies ist die edle Wahrheit des Leids,
dies ist die edle Wahrheit des Ursprungs des Leids,
dies ist die edle Wahrheit der Beseitigung, und
dies ist die edle Wahrheit des Wegs
zu dieser Beseitigung.

Dann wiederholte Buddha diese vier edlen Wahrheiten, indem er sagte:

Erkenne das Leid,
überwinde die Ursachen des Leids,
erlange die Beseitigung,
und wende den Weg an.

Diese Worte beschreiben einerseits die Situation, in der wir uns befinden, und zeigen zudem die Lösung für die Probleme unserer Situation.

Die edle Wahrheit des Leids

Buddha sagte:

«Dies ist die edle Wahrheit des Leids!»

Er sagte nicht:

«Jenes ist die edle Wahrheit des Leids» oder

«Dort drüben ist die edle Wahrheit des Leids».

Das bedeutet, Buddha zeigt auf uns und sagt:

«Dies ist die edle Wahrheit des Leids».

Sie existiert also nicht irgendwo anders, befindet sich nicht irgendwo im Raum, sonder beschreibt die eigentliche Art und Weise, in der wir bestehen. Denn im gegenwärtigen Moment leben wir in einer Weise, in der wir vollständig an Leiden gebunden sind – was nicht heißen soll, daß wir ständig Schmerzen oder tiefe Trauer erfahren. Diese Aussage hat eine sehr tiefe und breite Bedeutung. Denn die Leiden, die wir erfahren, bestehen nicht nur aus unangenehmen Empfindungen, sondern es gibt viele weitere Stufen von Leid.

Buddha hat die Gesamtheit der Leiden, die wir erfahren, in drei Gruppen eingeteilt. Diese werden genannt:

– Leid der Schmerzen,
– Leid des Wechsels und
– alles umfassendes Leid.

Im gegenwärtigen Moment leben wir mit allen diesen drei Arten von Leid. Wir leben zwar mit diesen drei Arten von Leid, sind aber nicht in der Lage, sie vollständig zu erkennen. Wir erkennen lediglich einen Teil der von uns tatsächlich erfahrenen Leiden.

Das Leid der Schmerzen

Die Art von Leid, die wir erkennen und auch als Leid verstehen, gehört im allgemeinen zur ersten Gruppe, dem Leid der Schmerzen. Diese Art von Leid kann körperlich ebenso wie geistig sein. Es können auf der körperlichen Ebene Schmerzen sein, Hunger, Durst, Armut und so weiter. Und auch geistige Leiden können sehr vielfältig sein – es kann Traurigkeit, Entmutigung sein und viele andere Arten von Unbehagen, die im Geist auftreten. Das alles sind Erfahrungen, die die meisten von uns als Leid erkennen können, und wir bemühen uns auch entsprechend, von diesen Erfahrungen so gut wie möglich frei zu sein. Manchmal sind wir dabei erfolgreich, oft sind wir es nicht, aber ständig versuchen wir alles Erdenkliche, um diesen Leiden zu entgehen. Die Zivilisation, die die Menschheit im Laufe der Geschichte entwickelt hat, zielt in erster Linie darauf ab, die Menschen von dieser Art von Leid zu befreien.

Das ist es auch, was uns die meiste Zeit beschäftigt hält, den ganzen Tag lang und manche von uns auch noch in der Nacht – immer mit dem Ziel, dieser Art von Leid zu entkommen. Diese Empfindungen als Leid und Schmerz zu erkennen und den Wunsch zu haben, ihnen zu entgehen, ist jedoch keine besondere Eigenschaft der Menschen. Man kann deutlich sehen, daß auch die Tiere, selbst kleine Vögel im Wald, ihre Probleme sehr gut erkennen und sich ebenfalls vom Morgen bis zum Abend damit beschäftigen, diesen Leiden zu entkommen. Und manchmal haben sie damit mehr Erfolg als wir Menschen. Wenn wir Tierberichte sehen, können wir manchmal beobachten, daß manche Tier außergewöhnliche Mittel anwenden, um ihre Schwierigkeiten zu überwinden. Diese Art von Verhalten ist also keine besondere Eigenart der menschlichen Rasse.

Das Leid des Wechsels

Die zweite Art von Leid wird *Leid des Wechsels* oder auch *Leid der Veränderung* genannt. Diese Art von Leid ist wesentlich schwieriger zu erkennen. Um diese Art von Leid als Leid zu verstehen, benötigt man ein gewisses Maß an Intelligenz, eine höhere geistige Klarheit. Die Tiere ebenso wie die meisten Menschen erkennen diese Art von Leid nicht als Leid, sondern sehen es vielmehr als eine Art von Glück, zudem als das höchste erreichbare Glück, und sie streben entsprechend danach. Es erscheint als das eigentliche Ziel des Lebens, für das man seine ganze Kraft und Zeit opfert.

Was ist diese Art von Leid nun wirklich? Es ist nichts anderes als das, was wir im allgemeinen als Glück bezeichnen, das gewöhnliche weltliche Glück, die gewöhnlichen weltlichen Vergnügungen und Annehmlichkeiten. Diese sind auch tatsächlich eine Art von Glück, aber sie sind ein sehr oberflächliches, vergängliches und unvollkommenes Glück. Sie sind kein wirkliches Glück, sondern vielmehr etwas, das uns so erscheint, als sei es Glück. Da diese Empfindungen wie Glück erscheinen, werden wir gewöhnliche Wesen von dieser Art des Glücks getäuscht und denken, wir würden wirkliches Glück erfahren. Auch dieses Glück kann sowohl körperlich als auch geistig sein. Auf der körperlichen Ebene kann es so etwas sein wie das Stillen des Hungers oder das Löschen des Dursts. Es kann auch das Glück der Empfindung von Wärme sein, wenn es kalt ist, oder das angenehme Empfinden von Kühle, wenn es heiß ist. Oder es kann auch das Wohlbehagen sein, das wir aufgrund unserer Stellung, unseres Vermögens, unserer Bekanntheit, unseres guten Rufes oder unserer Begleitung erfahren. Diese Arten von Glück sind es, wonach ein gewöhnliches Wesen trachtet und die es als sein höchstes erstrebenswertes Ziel sieht.

Wir werden vielleicht fragen, was an diesen angenehmen Empfindungen falsch ist, weshalb diese als Leiden bezeichnet werden. Der Grund dafür liegt darin, daß diese Empfindungen von kurzer Dauer sind, schnell vergehen und bei ihrem Vergehen schmerzhafte Empfindungen nach sich ziehen. Ein deutliches Beispiel ist das Wohlbehagen, das wir beim Stillen von Hunger erfahren. Hunger ist ein schwerwiegendes Leid, das in die erste Kategorie gehört, und auch ein Leid, das wir nicht ertragen können. Um es überwinden zu können, benützen wir auch die richtige Methode, nämlich das Einnehmen von Nahrung. Wenn wir sehr hungrig sind, werden wir unbedingt versuchen, unseren Magen zu füllen. Es spielt dabei keine so große Rolle, was wir zu essen bekommen – solange etwas eßbar ist, werden wir es benützen, um damit langsam unseren Magen zu füllen. In dem Maß, in dem sich der Magen füllt, wird das Leid des Hungers vergehen. Dieser Vorgang dauert bis zu einem gewissen Punkt. Durch das fortschreitende Anfüllen des Magens vergeht das Gefühl des Hungers, und es macht sich ein zunehmendes Gefühl der Zufriedenheit bemerkbar, bis eine bestimmte Grenze erreicht ist. Nehmen wir über diese Grenze hinaus weiter Nahrung zu uns, dann werden andere, neue Leiden immer deutlicher werden, die bis zu unserem Tod führen können, wenn wir nicht rechtzeitig aufhören. Das macht deutlich, daß die angenehme Empfindung beim Füller des Magens kein wirkliches Glück ist, kein reines Glück ist. Denn wäre es ein wirkliches Glück, dann müßte die angenehme Empfindung ständig vorhanden sein, solange man die Ursache für diese Empfindung, nämlich das Zuführen von Nahrung, weiterführt. Das ist aber nicht der Fall.

Das gleiche auch am Beispiel von Wohlstand und Reichtum: Häuft man Vermögen über eine entsprechende Grenze hinaus an, dann werden die Schwierigkeiten, die das Vermögen mit sich bringt, immer größer werden. Wenn man nicht in der Lage ist, zufrieden zu sein, wird fortgesetztes Anhäufen von Reichtum zu vielen zusätzlichen Problemen führen. Reichtum wird als eine Ursache für Wohlergehen betrachtet. Aber diesen Wohlstand einmal zu schaffen benötigt viele Mühen. Wenn er dann vorhanden ist, benötigt es viele Mühen, ihn zu erhalten. Und wenn man ihn verliert, tut das ebenfalls wieder sehr weh. So ist auch Wohlstand sowohl am Anfang als auch in der Mitte und auch am Ende mit viel Unbehagen verbunden.

Ein weiteres sehr treffendes Beispiel, das unser verehrter Meister Gesche Rinpotsche oft gab, bezieht sich auf das Gehen und Sitzen. Im gegenwärtigen Moment sitzen wir hier und finden das angenehm.

Wenn wir einige Stunden gesessen sind, finden wir das Aufstehen und Gehen angenehm. Wenn wir einige Stunden gegangen sind, wird auch das Gehen unerträglich, und wir müssen uns setzen. So verbringen wir das ganze Leben mit Aufstehen und Hinsetzen.

Untersuchen wir genauer alle Arten von angenehmen Erfahrungen, die wir üblicherweise als Glück bezeichnen, dann erkennen wir, daß sie alle diese gleiche Natur haben. Das bedeutet nun aber nicht, daß wir alle diese Erfahrungen vermeiden sollten, daß wir nichts mehr essen sollten und nichts Angenehmes mehr erfahren dürfen. Vielmehr benützt man diese Dinge, erfreut sich an ihnen, sollte aber gleichzeitig ihre wirkliche Natur erkennen und sich von ihnen nicht täuschen lassen. Gleichzeitig sollte man verstehen, daß wirkliches Glück etwas anderes ist als diese Empfindungen von Wohlbehagen.

Buddha bezeichnete diese Empfindungen als *Leid des Wechsels*. Um sie auch tatsächlich als eine Art von Leid zu erkennen, benötigt man schon ein entsprechendes Maß an Intelligenz.

Das umfassende Leid

Die dritte Art von Leid wird als *umfassendes Leid* bezeichnet. Dieses Leid als Leid zu erkennen benötigt ein noch größeres Maß an Intelligenz. Was wäre ein

Beispiel von umfassendem Leid? Diese gegenwärtige Existenz, die wir erfahren, ist umfassendes Leid. Ganz gleich, ob man gerade etwas Angenehmes oder etwas Unangenehmes erfährt, in jeder Situation unseres Lebens ist diese Art von Existenz, wie wir sie jetzt erleben, umfassendes Leid. Der Grund dafür ist, daß unser gegenwärtiges Leben ein *bedingtes Leben* ist, das keine wirkliche Freiheit besitzt. Denn die Art von Dasein, in die wir geraten, und die Erfahrungen, die wir dann machen, folgt nicht unseren Wünschen, sondern hängt von anderen Faktoren ab. Wir haben also keine Freiheit, uns auszusuchen, wie wir leben und was wir während eines Lebens erfahren. Obwohl wir immer denken, daß wir frei sind, daß wir in einer freien Gesellschaft leben, was in gewisser Weise auch richtig ist, haben wir dennoch keine wirkliche Freiheit über unser Dasein.

Als erstes nehmen wir Geburt. Sowohl die Tatsache, daß wir Geburt nehmen, ebenso wie den Ort und die Umstände, unter denen wir geboren werden, können wir nicht nach unseren Wünschen gestalten. Manchmal paßt unsere Geburt gar nicht zu den Umständen, in die wir hineingeraten, oder die Umstände passen *uns* gar nicht. Aber ungeachtet dessen, wie passend oder unpassend unsere Geburt sein mag, wir geraten irgendwohin und sind dann einfach dort.

In dieser Art nehmen wir Geburt. Vom zweiten Augenblick nach der Geburt an beginnt ein Rennen, und dieses Rennen geht nirgendwo anders hin als zum Ende des eben begonnenen Lebens. Während dieses Rennens durchlaufen wir viele körperliche und geistige Veränderungen – manche sind angenehm, manche unangenehm, aber niemals haben wir die Möglichkeit, etwas daran zu ändern oder etwas rückgängig zu machen. Der ganze Ablauf folgt seinen eigenen Gesetzen. Schließlich kommt dann das Ende, das wir allgemein als Tod bezeichnen. Und obwohl ihn niemand erfahren will, haben wir wieder nicht die Freiheit, ihm zu entgehen.

Das zeigt sehr klar, ob wir tatsächlich Freiheit und Kontrolle über unser Dasein haben. Auch während unseres Lebens fehlen uns Freiheiten. So haben wir keine vollständige Freiheit über unsere Gedanken und Handlungen. Denn zur Zeit stehen wir vollständig unter der Macht unseres Geistes, und unser Geist selbst steht wieder unter der Macht weiterer Faktoren, von denen viele negativ sind, wie zum Beispiel Begierde, Eifersucht, Haß und so weiter. Wenn sie den Zustand unseres Geistes und unserer Person bestimmen, dann erfahren wir endlose Probleme. Ständig treten in unserem Geist Gedanken auf – Gedanken, die wir eigentlich gar nicht wollen, aber dennoch brechen sie hervor, gewinnen an Kraft und zwingen uns, unter ihrem Einfluß zu handeln. Wenn wir eine Wahl hätten, wäre es uns lieber, unser Geist wäre in einem harmonischen, friedlichen

Zustand, ohne irgendwelche Störungen. Es wäre uns lieber, wenn wir unseren Geist auf jedes gewünschte Objekt richten könnten und er dann friedlich auf dieses Objekt gerichtet bliebe. Das wünschen wir zwar, aber ob unser Geist sich so verhält oder nicht, können wir leicht beobachten. Vor allem, wenn wir versuchen zu meditieren, werden wir schnell herausfinden, ob unser Geist auf dem gewünschten Objekt bleibt oder nicht.

Alle diese beschriebenen Unzulänglichkeiten zeigen unseren Mangel an Freiheit über unser Leben. Das ist unsere gegenwärtige Situation, der Zustand unseres gegenwärtigen Daseins. Dieser Zustand kann zwar geändert werden, aber im Moment treffen diese Beschreibungen zu.

Die erste und zweite Art von Leid erfahren die Wesen in den verschiedenen Daseinsbereichen in unterschiedlichem Maß. Manche Wesen erleben mehr vom ersten, manche mehr vom zweiten Leid. Vom umfassenden Leid jedoch sind *alle* Wesen des Daseinskreislaufs betroffen, unabhängig davon, ob es sich um Menschen, Tiere, Devas oder andere Lebewesen handelt. Da diese dritte Art von Leid alle Wesen des Daseinskreislaufs in gleicher Weise umfaßt, wird sie als *umfassendes Leid* bezeichnet.

Das alles ist die Bedeutung der ersten edlen Wahrheit. Mit den Worten «*Dies* ist die edle Wahrheit des Leids» hat Buddha auf diese Wahrheit hingewiesen.

Er hat nicht gesagt: «Es gibt eine Wahrheit des Leids, und dort ist sie.» Damit wird deutlich, daß diese edle Wahrheit nicht weit weg ist. Sie befindet sich nicht irgendwo und liegt auch nicht zurück in der Vergangenheit, sondern sie befindet sich genau jetzt und hier innerhalb der eigenen Person. Das eigene, gegenwärtige Dasein ist davon betroffen. Das zu erkennen ist sehr wichtig.

Vergänglichkeit

Eines der Merkmale der ersten edlen Wahrheit ist die Vergänglichkeit. Das bedeutet, daß unser jetziges Dasein und alles, was dazu gehört, vergänglich ist.

Die Gesamtheit der existenten Objekte kann in zwei Gruppen unterteilt werden: in die *zusammengesetzten* und die *nichtzusammengesetzten Objekte*. Zu den zusammengesetzten Objekten gehören alle materiellen Dinge, alle Formen von Bewußtsein, und die sogenannten *nichtzugeordneten Dinge*. Nichtzugeordnete Dinge sind nichts anderes als Dinge, die zwar zusammengesetzt sind, aber weder als Materie noch als Geist klassifiziert werden. Ein Beispiel dafür ist Person. Eine Person ist ein zusammengesetztes Objekt, aber weder Materie noch Geist. Ebenso verhält es sich mit der Zeit. Die Zeit ist ein zusammengesetztes Objekt, aber weder Materie noch Geist. Zeit besteht in einer anderen Art als Materie oder Geist.

Zusammengesetzt bedeutet, daß ein Objekt aus Teilen zusammengesetzt ist. Materie ist eine Anhäufung von kleinsten Partikeln. Auch Geist setzt sich aus Teilen zusammen, und zwar aus den einzelnen geistigen Augenblicken. Ebenso setzt sich eine Person aus ihren Teilen zusammen, aus ihren Aggregaten wie Körper, Geist, Empfindungen und so weiter. Zeit ist ebenfalls zusammengesetzt, und zwar aus Jahren, Monaten, Minuten, Sekunden, Momenten.

Alle zusammengesetzten Dinge haben die Eigenschaft, vergänglich zu sein. Die Wesen sind vergänglich. Unser Körper und unser Geist sind vergänglich. Die Person ist vergänglich. Unsere Leiden sind vergänglich, und unser Glück ist vergänglich. Alles Leben ist vergänglich. Vergänglichkeit heißt auf sanskrit *Amita*, was vergänglich oder unbeständig bedeutet.

Unbeständigkeit wird im Buddhismus sehr subtil beschrieben. Jedes unbeständige Objekt verweilt nur *einen* Augenblick lang. Das bedeutet, es entsteht, und es vergeht sofort wieder, es dauert nur einen Augenblick lang an. Die Dauer eines Augenblicks wird als ein Fünfundsechzigstel der Dauer des Geräusches beschrieben, das beim Schnalzen der Finger einer gesunden Person entsteht. Das ist eine sehr kurze Zeitspanne. Unter subtiler Vergänglichkeit versteht man, daß alle zusammengesetzten Dinge während der Dauer einer so kurzen Zeitspanne verweilen, vergehen und in ähnlicher Art wieder entstehen. Das ist nicht leicht nachzuvollziehen, ist aber dennoch die Wirklichkeit. Subtile Vergänglichkeit ist in allen zusammengesetzten Objekten immer gegenwärtig. Diese Veränderungen gehen so schnell vor sich, daß wir sie mit unserem gegenwärtig sehr langsam funktionierenden Bewußtsein nicht wahrnehmen können. Was wir wahrnehmen, ist die *Wirkung* der subtilen Vergänglichkeit, nämlich die grobe Vergänglichkeit.

Die grobe Vergänglichkeit ist wie ein oberflächliches Zeichen der fortwährend stattfindenden subtilen Vergänglichkeit. Wir sehen zum Beispiel, wie eine Person langsam älter oder größer wird, wie Dinge langsam alt werden und eines Tages kaputtgehen, wie eine Blume wächst und verwelkt oder ein Baum langsam zerfällt. Was wir sehen, ist nur die grobe Form der Vergänglichkeit. Diese Vergänglichkeit, dieser Alterungsprozeß setzt aber nicht von einem Tag auf den anderen ein. Er findet ständig statt, pausenlos: Entstehen, Vergehen, Entstehen, Vergehen, ohne Unterlaß. Was bleibt, ist eine ähnliche Kontinuität der entsprechenden Objekte.

So können wir uns fragen: Was bleibt von einer Person von heute bis morgen? Was bleibt von unserem geistigen Kontinuum, unserem Bewußtsein und was von den materiellen Dingen? Unser Körper bleibt von heute auf morgen nicht der gleiche, sondern er ist lediglich ein ähnliches Kontinuum. Die Ähnlichkeit in dieser Kontinuität verleitet uns dazu zu glauben, es handle sich immer um das gleiche Objekt. In Wirklichkeit aber bleiben die Dinge niemals gleich. Es ist wie bei einem Fluß: Der Strom zum Beispiel, der durch Westdeutschland fließt, scheint immer der gleiche Rhein zu sein. Er ist aber niemals der gleiche, denn laufend fließt anderes Wasser durch das Flußbett. Wenn wir aber auf den Rhein blicken, scheint es sich immer um den gleichen Fluß zu handeln. Der Rhein scheint immer gleich zu sein, ist es aber zu keiner Zeit.

In Wirklichkeit bleiben alle zusammengesetzten Dinge, unser Körper, unser Geist, unsere Person ebenso wie ein Fluß niemals gleich. Die Person, die zum Beispiel diesen Vortrag gehalten hat, ist schon lange vergangen. Sie ist nicht mehr da. Was noch da ist, ist ihre ähnliche Kontinuität. Das trifft nicht nur auf den Vortragenden zu, sondern auch auf alle Zuhörer. Wenn wir uns ansehen, denken wir jedoch, es handle sich immer um die gleiche Person.

Der Grund dafür, daß wir das so betrachten, liegt an unserem *Greifen nach Beständigkeit.* Dieses Greifen nach Beständigkeit ist sehr tief in uns verankert, weil wir die subtile Vergänglichkeit nicht wahrnehmen. Wir können nur mit logischer Begründung verstehen, daß die subtile Vergänglichkeit eine Realität ist. Wir können sie aber nicht direkt wahrnehmen, so, wie wir etwa eine Flasche vor unseren Augen wahrnehmen. Aus diesem Grund können wir diese subtile Vergänglichkeit nicht erfassen und unterliegen einer Täuschung. Wir denken, alles bleibe gleich. Das Greifen nach dieser Beständigkeit ist eine grundlegende Fehlauffassung, die wir alle haben. Diese Auffassung ist nicht nur falsch, sondern kann auch sehr schädlich sein. Dieses Greifen nach Beständigkeit ist einer der Hauptgründe für unsere Anhaftung gegenüber Besitz, Geld, Freunden und so weiter. Ein starkes Hängen beruht auf einem Greifen nach Beständigkeit. Obwohl wir intellektuell wissen, daß wir ganz und gar nicht beständig sind, haben wir spontan die Auffassung: «Ich bin immer da – ich werde, wie auch alle anderen, noch lange Zeit da sein.» Sowohl unsere Freunde wie auch unsere Feinde sind in unseren Augen beständig. Dadurch hängen wir an unseren Freunden und hegen Haß gegenüber unseren Feinden.

Manche Personen besitzen ein Vermögen, das so groß ist, daß es für mehrere Leben reichen würde. Dennoch haben sie oft den Eindruck, sie hätten nicht genug. Sie sammeln immer noch und haben Angst, etwas zu verlieren. Das führt zu unendlichen Problemen. Manche trachten danach, ihre Feinde zu töten, weil sie denken, diese Feinde seien sonst für immer da. In Wirklichkeit sind Freunde und

Feinde alle sehr vergänglich. Eines Tages wird von allen niemand mehr da sein. Die Feinde sterben also ohnehin – ohne daß man sie tötet.

Wenn Buddha sagt, «alles Zusammengesetzte ist vergänglich», bezieht sich *vergänglich* auf die subtile Veränderung. Was wir von außen beobachten können, sind die groben Veränderungen. Wir können sehen, wie ein ganzes Land entsteht und zerfällt, ebenso wie Familien und einzelne Personen. In Wirklichkeit sind zu jeder Zeit alle materiellen und alle geistigen Dinge vergänglich ebenso wie alle nichtzugeordneten Objekte wie zum Beispiel Personen.

Vergänglichkeit ist auch eine Eigenschaft der edlen Wahrheit des Leids. Unser bedingtes Dasein ist leidvoll, denn es ist ein Dasein ohne wirkliche Freiheit, birgt viele leidvolle Erfahrungen und ist vergänglich.

Das Gesetz von Ursache und Wirkung

Wenn gesagt wird, daß bedingtes Dasein keine Freiheit bietet, bedeutet das nicht, daß wir unter dem Einfluß äußerer Mächte stehen, die uns beherrschen und uns in unerwünschte, leidvolle Situationen bringen. Das ist nicht der Fall. Es bedeutet, daß unsere Erfahrungen nicht nach unseren Wünschen ablaufen. Wir können die Vorgänge unseres Lebens nicht wunschgemäß steuern. Unser Schicksal wird aber auch nicht von irgendwelchen äußeren Kräften gesteuert, ganz im Gegenteil: Unsere Erfahrungen im zyklischen Dasein sind ausnahmslos die Wirkung unseres Karma.

Karma bedeutet nichts anderes als *Handlung*. Auf sanskrit wird Karma für Arbeit, Werk, Tätigkeit oder eben für Handlungen verwendet. Welche Erfahrungen wir im Daseinskreislauf auch machen, sie werden von unseren Handlungen, also von unserem Karma bestimmt, gemäß dem Gesetz von *Ursache und Wirkung*. Alles, was wir auf kollektiver oder individueller Ebene erfahren, entspringt nicht unseren Wünschen, sondern entsteht exakt gemäß dem natürlichen Gesetz von Ursache und Wirkung. Das bedeutet, daß eine richtige Handlung zu einem richtigen, eine falsche Handlung zu einem falschen Resultat führt. Die Handlungen und die Wirkungen dieser Handlungen sind es, was unter dem Gesetz von Ursache und Wirkung zu verstehen ist.

Alles, was zusammengesetzt ist, existiert gemäß dem Gesetz von Ursache und Wirkung. Dazu gehören auch Lebewesen wie wir. Unser Schicksal, unser Leid und unser Glück sind direkt mit unseren Handlungen durch das karmische Gesetz von Ursache und Wirkung verbunden. So könnten wir sagen, daß wir unser Schicksal in unserer eigenen Hand haben. Es liegt also nicht in den Händen von irgendwem anderen. Aber dennoch erfahren wir nicht das, was wir uns ersehnen – sondern das, was unsere Handlungen gemäß dem Gesetz von Ursache und Wirkung hervorbringen. Dieses Gesetz hat keine Person geschaffen. Es ist ein natürliches Gesetz, eine natürliche Art und Weise, wie die Phänomene existieren.

Das Schicksal der Lebewesen ist untrennbar mit diesem Gesetz verbunden. Unheilsame Handlungen führen zu Leid für einen selbst und für andere. Heilsame Handlungen führen zu glücklichen Erfahrungen und angenehmen Resultaten für einen selbst und für andere. Aus diesem Grund ist ein korrektes Verhalten von entscheidender Bedeutung. Sich richtig zu verhalten ist der wichtigste Punkt, wenn wir einem geistigen Weg folgen wollen oder Buddhas Unterweisungen anwenden.

Was ist unter *Anwendung* zu verstehen? Wir können Dharma auf verschiedene Weisen anwenden. Wir können Gebete rezitieren, meditieren und so weiter. Das wichtigste jedoch ist, das Gesetz von Ursache und Wirkung richtig anzuwenden. Das bedeutet, daß wir das Gesetz von Ursache und Wirkung genau verstehen und unser Verhalten danach ausrichten. Wenn wir so vorgehen, werden wir zu wirklichen Anwendern von Dharma. Vernachlässigen wir diesen Punkt, dann können wir Tage regungslos dasitzen oder rezitieren, es wird nie eine echte Anwendung von Dharma werden. Von einer Anwendung von Dharma können wir erst dann sprechen, wenn wir das Gesetz von Ursache und Wirkung begreifen und uns danach verhalten. Das ist die Methode, mit der man Leid vermeidet und Glück erlangt.

Wenn wir von heilsamen und unheilsamen Handlungen sprechen, ist es wichtig zu wissen, was darunter zu verstehen ist. Buddha hat keine Liste von Handlungen zusammengestellt, wo wir nachsehen könnten, was richtig und was falsch ist. Eine solche Liste wäre unendlich lang. Statt dessen läßt sich anhand des jeweiligen Resultats einer Handlung bestimmen, ob sie heilsam oder unheilsam ist. Je nachdem was sie für die Lebewesen bewirkt, ist eine Handlung positiv oder negativ. Eine solche Bewertung steht immer in Verbindung mit den Lebewesen.

Alle Handlungen, die einem Lebewesen Leid bringen, wie etwa das Töten, sind unheilsam. Unheilsame Handlungen müssen wir unbedingt vermeiden.

Handlungen, die den Lebewesen wirklichen Nutzen bringen, sind heilsam. Solche Handlungen gilt es auszuführen.

Ob eine Handlung heilsam oder unheilsam ist, hängt von der Auswirkungen und von der Absicht ab. Eine Handlung, die aus Begierde, Haß und Unwissenheit entsteht, ist immer falsch. Eine Handlung, die in Begierdelosigkeit, Haßlosigkeit oder Unwissenheitslosigkeit wurzelt, ist heilsam.

Wir müssen richtige und falsche Handlungen voneinander unterscheiden, indem wir den Ursprung einer Handlung prüfen. Der Ursprung einer Handlung ist die auslösende Motivation, und ihre Qualität bestimmt die Qualität des Resultats. Falsche Handlungen zu vermeiden und richtige Handlungen auszuführen ist die wesentlichste Anwendung von Dharma.

Die edle Wahrheit des Ursprungs

Jeder geistige Weg hat drei essentielle Punkte: eine Anschauung, eine Ethik und eine Methode, um den Geist zu schulen. Diese drei Punkte können von Religionen zu Religion etwas verschieden sein, aber alle wirklichen geistigen Wege weisen diese drei Merkmale auf. Auch im Buddhismus gilt es, eine richtige Anschauung zu entwickeln, richtigem Verhalten zu folgen und sich in richtiger Meditation zu schulen.

Der erste Punkt besteht darin, sich ein richtiges Verständnis von unserer grundlegenden Situation anzueignen. Ebenso müssen wir lernen zu verstehen, worin der eigentliche Weg der geistigen Entwicklung besteht und was das Ziel dieses Weges ist. Wir müssen die Grundlage, den Weg und das Ziel richtig erkennen, frei von falschen Anschauungen, Phantasien und Übertreibungen. Ebensowenig sollten wir Inhalt und Bedeutung dieser drei Faktoren unterschätzen. Im Gegenteil: Wir müssen eine Anschauung entwickeln, die der Wirklichkeit entspricht, die nichts hinzufügt oder wegläßt. Eine solche Philosophie, eine solche Anschauung zu entwickeln ist sehr wichtig. Diese entsteht nicht von selbst in uns, sondern ist das Ergebnis von richtigen Bemühungen durch Lernen und Nachdenken. Einfach nur dazusitzen und hoffnungsvoll abzuwarten bringt uns nicht zur richtigen Anschauung. Wir müssen Anstrengungen machen, um die richtige Anschauung in uns zu erzeugen und falsche Anschauungen und Unwissenheit zu überwinden. Das ist die einzige Möglichkeit.

Weisheit durch Hören

Im Buddhismus wird immer wieder betont, wie bedeutend das Lernen ist. Es gibt drei Ebenen von Weisheit, die wir entwickeln müssen. Die erste Ebene ist die Weisheit durch Hören. Eine der wichtigsten Methoden zu lernen ist das direkte Zuhören. Die direkte, mündliche Übertragung von Weisheit wird im Buddhismus als sehr wichtig betrachtet. Auf der Grundlage einer direkten Übertragung können wir dann auch auf Bücher zurückgreifen. Das ist ebenfalls wichtig. Auf diese Weise muß zuerst die Weisheit durch Hören entwickelt werden. Wenn wir ohne Ablenkungen zuhören und uns konzentriert dem Gesagten widmen, erlangen wir eine erste Form von Weisheit, nämlich diese Weisheit aus Hören. Sie zu erlangen ist sehr, sehr wichtig. Das ist wie das Öffnen eines Tores.

Diese Weisheit aus Hören genügt aber nicht. Sie stellt kein Verständnis dar, mit dem wir zufrieden sein könnten, denn sie ist noch ein oberflächliches, wandelbares Verständnis, weil wir es leicht verlieren können. Dieses Verständnis, das aus Zuhören oder Lesen gewonnen wird, ist nicht durchdringend, sondern mehr oder weniger eine Übereinstimmung mit dem, was gesagt oder geschrieben wurde. Wenn wir es als sinnvoll sehen, stimmen wir dem Gesagten oder Geschriebenen zu und denken: «So, jetzt habe ich alles verstanden.»

Dieses Verständnis ist aber noch nicht stabil und ist keine Weisheit, auf die wir uns verlassen können. Da ein solches Verständnis nicht sonderlich tief ist, kann es leicht verändert werden. Wenn wir jemanden treffen, der etwas ganz anderes behauptet und uns auf geschickte Weise das genaue Gegenteil erklärt, kann sich die bisherige Meinung schnell ins Gegenteil verkehren. Dennoch ist das Wissen aus Hören sehr wertvoll. Im Buddhismus wird immer wieder betont, daß diese Weisheit des Hörens der kostbarste Schatz ist, den wir besitzen können. Sie ist auch ein Schatz, den uns niemand nehmen kann.

Solange wir keine Weisheit aus Hören haben, bleibt es in unserem Geist finster – viele falsche Anschauungen und Unwissenheit verdunkeln unseren Geist. Sich Weisheit aus Hören und Lernen anzueignen ist deshalb der erste entscheidende Schritt.

Weisheit durch Nachdenken

Weisheit aus Hören allein ist aber zu wenig. Wir müssen in der Folge die zweite Ebene von Weisheit entwickeln – die Weisheit durch Nachdenken. Das bedeutet, daß wir nicht einfach nur glauben sollten, was wir gehört oder gelesen haben. Statt dessen müssen wir selbst untersuchen, ob das Gehörte oder Gelesene wirklich stimmt oder nicht. Wir müssen mit eigenen Überlegungen, logischen Begründungen und unseren eigenen Erfahrungen das Erlernte auf seine Richtigkeit prüfen. Das ist unerläßlich.

Dadurch entsteht in uns eine weitere, tiefere Form von Weisheit, eine richtige Überzeugung. Buddha hat großen Wert darauf gelegt, daß alle Inhalte überprüft und überdacht werden. Er hat immer gesagt, man solle nicht einfach glauben, was eine Person sagt, nur weil sie etwas Besonderes ist oder weil sie berühmt ist. Vielmehr ist es wichtig, das Gehörte oder Gelesene daraufhin zu untersuchen, ob es der Wirklichkeit entspricht. Buddha hat die Schüler dazu angehalten, auch seine Unterweisungen genau zu überprüfen, und zwar so, wie eine Person, die Gold kaufen möchte das angebotene Gold untersucht. Diese Person vergewissert sich, ob es sich um reines Gold handelt, indem sie es schneidet, reibt und brennt. Erst wenn sie zur vollen Überzeugung gelangt ist, daß es sich um reines Gold handelt, wird sie es kaufen. Sie tut gut daran, den Klumpen nicht einfach zu kaufen, nur weil jemand gesagt hat, es sei Gold. Wenn einem jemand etwas Goldenes anbietet, muß man nicht gleich glauben, es sei Gold.

Buddha hat gesagt:
In dieser Weise müßt ihr auch meine Unterweisungen untersuchen.
Ihr sollt sie akzeptieren, wenn ihr sie untersucht habt und von ihrem Wert überzeugt seid, nicht aber aus Respekt oder Zuneigung mir gegenüber.
Alles sofort als wahr anzunehmen, was ich sage, wäre nicht richtig.
Ganz im Gegenteil, ihr müßt mit richtigen Begründungen untersuchen, ob meine Worte stimmen oder nicht – erst dann sollt ihr sie akzeptieren.

Diesen Punkt hat Buddha sehr betont. Ganz unabhängig davon, wer Unterweisungen gibt, sie sind immer genau zu untersuchen. Durch solches Untersuchen erlangen wir ein erheblich tieferes Verständnis. Dieses Verständnis wird als Weisheit durch Nachdenken bezeichnet.

Haben wir einmal ein solches Verständnis erlangt, ist es nicht mehr so leicht, es wieder zu verlieren. Ein solches Verständnis kann nicht von einer anderen Person gleich wieder ins Wanken gebracht und abgeändert werden. Anhand eigener Überlegungen und Untersuchungen haben wir eine echte Überzeugung entwickelt, die nicht beliebig von anderen beeinflußt werden kann. In dieser Weise ist die zweite Art von Weisheit sehr bedeutungsvoll. Aber auch sie ist nicht die tiefste Form von Weisheit, nicht die Weisheit, auf die wir uns vollständig stützen können.

Weisheit durch Meditation

Bei leicht verständlichen, offensichtlichen Objekten ist es nicht notwendig, alle drei Ebenen von Weisheit zu entwickeln. Für die verborgenen Zusammenhänge jedoch brauchen wir alle drei. Die Gesamtheit der Phänomene kann in drei Kategorien eingeteilt werden: in offensichtliche, verborgene und sehr verborgene Objekte. Um die offensichtlichen Objekte zu verstehen, bedarf es keiner besonderen Überlegungen oder Begründungen. Um beispielsweise festzustellen, ob es sich um eine Tasse Wasser oder Tee handelt, müssen keine komplizierten Begründungen herangezogen werden; auch nicht, wenn wir vom konventionellen Aspekt der Tasse sprechen. Diese Tasse kann auch einen verborgenen, tiefgründigen Aspekt haben – damit verhält es sich anders. Wenn wir aber vom konventionellen Aspekt der Tasse sprechen, können wir ihr Wesen leicht erfassen.

Viele andere Zusammenhänge, wie etwa die subtile Vergänglichkeit der Phänomene oder ihre Identitätslosigkeit sind nicht so offensichtlich. Solche tiefgründigen Zusammenhänge können wir gewöhnlichen Wesen nicht mit den Augen oder anderen Sinnen wahrnehmen. Solche Inhalte können wir nur auf der Grundlage richtiger Begründungen und Schlußfolgerungen erkennen. Deshalb ist es notwendig, über diese Dinge nachzudenken und sie zu begründen. Wie bereits erwähnt, sind alle zusammengesetzten Objekte vergänglich. Das ist eine Tatsache. Um diesen Punkt aber zu verifizieren und letztlich direkt wahrzunehmen, bedarf es richtiger Begründungen.

Damit wir solche Zusammenhänge wie die subtile Vergänglichkeit intellektuell, mit unserem Denkbewußtsein verstehen, müssen wir uns auf die Weisheit aus Lernen und auf die Weisheit durch Nachdenken stützen. Um sie aber direkt wahrzunehmen, reichen diese beiden Ebenen von Weisheit nicht aus. Es bedarf noch einer tieferen Weisheit, der Weisheit aus Meditation. Sie hilft uns, Zusammenhänge wie die subtile Vergänglichkeit und die letztliche Wahrheit, die sogenannte Idenditätslosigkeit aller Dinge, nicht nur intellektuell zu verstehen, sondern auch direkt wahrzunehmen. Das ist nur mit Hilfe dieser tiefsten Art von Weisheit möglich. Meditative Weisheit ist ein direktes Verständnis, ohne Vorstellung. Unsere Form von intellektueller Weisheit ist immer mit Vorstellungen verbunden und deshalb keine direkte Weisheit.

Mit der Weisheit aus Hören verstehen wir das Objekt lediglich als *Klang- oder Lautbild*, das heißt, wir verstehen den Ausdruck, der für das Objekt verwendet wird. Die Weisheit aus Hören ist eine Vorstellung, die sich auf das entsprechende Wort stützt. Wenn wir dann unser Verständnis durch Überlegungen und Begründungen vertiefen, erreichen wir ein etwas tieferes Verständnis, das sich auf ein sogenanntes *Bedeutungsbild* stützt. Das Bedeutungsbild kommt dem eigentlichen Objekt schon recht nahe, ist aber immer noch nicht das eigentliche Objekt selbst. Es ist der Wirklichkeit ähnlich, aber es *ist* nicht die Wirklichkeit. Wenn wir zum Beispiel in unserem Auto sitzen und an unser Haus und die Gegenstände in diesem Haus denken, können wir diese Dinge zwar verstehen, aber nicht direkt wahrnehmen. Ein solches Verstehen ist eine Vorstellung auf der Grundlage eines Bedeutungsbildes.

Ein solches intellektuelles Verstehen ist unentbehrlich, genügt aber nicht, um subtile Dinge direkt wahrzunehmen. Dafür ist meditative Weisheit notwendig. Um meditative Weisheit einsetzen zu können, müssen wir einen meditativen Zustand des Geistes hervorbringen. Im Moment fehlt uns dieser meditative Zustand. Wir müssen uns deshalb zuerst bemühen, ihn zu entwickeln. Sobald wir ihn erlangt haben, können wir ihn dafür benützen, subtile Zusammenhänge zu untersuchen. Dadurch können wir ein direktes Verstehen, ein direktes Wahrnehmen erreichen.

Um im eigenen Geist einen meditativen Zustand zu erreichen, benötigt man vollkommene Konzentration. Gegenwärtig besitzen wir keinen meditativen Zustand des Geistes, weil unser Geist mit sehr vielen Ablenkungen und Aktivitäten beschäftigt ist. Wir haben keine Kontrolle über unseren Geist. Er ist in einem wilden Zustand, ganz außer Kontrolle. Deshalb ist es für uns im Moment schwierig, unsere Aufmerksamkeit auf ein Objekt zu richten und sie dann auch auf das Objekt gerichtet zu halten. Mit geeigneten Methoden kann der meditative Zustand des Geistes jedoch entwickelt werden.

Unter meditativem Geist versteht man einen vollkommen konzentrierten Zustand des Geistes. Es ist ein Zustand, in dem wir Kontrolle über die Bewegungen und Aktivitäten unseres Geistes haben. Unser Geist ist dann gezähmt, ruhig und gehorsam, und wir können ihn dafür einsetzen, die subtilen Zusammenhänge zu untersuchen. Dadurch erlangen wir ein direktes Verständnis, das nicht mehr von einer Vorstellung, einem Bild abhängig ist. Es handelt sich dann um eine direkte Wahrnehmung und Erfahrung der subtilen Zusammenhänge.

Um die tiefste Form von Weisheit zu entwickeln, ist Meditation notwendig. Ohne diese Weisheit ist es nicht möglich, subtile Zusammenhänge direkt wahrzunehmen – und erst wenn wir die subtile Vergänglichkeit und die Identitätslosigkeit direkt wahrnehmen, sind wir in der Lage, Verblendungen wie Unwissenheit, Begierde, Haß, Eifersucht und so weiter zu überwinden. Um alle Verblendungen des Geistes vollständig zu beseitigen, brauchen wir unbedingt die meditative Weisheit, die die letztliche Wirklichkeit direkt wahrnimmt. Alle drei Ebenen von Weisheit sind notwendig, damit eine gewöhnliche Person die letztliche Wirklichkeit der Phänomene fehlerfrei und direkt erkennen kann.

Überblick

Wie schon anfangs erwähnt, wird in jeder Religion von richtiger Anschauung, richtigem Verhalten und richtiger Meditation gesprochen. Was eben erklärt wurde, ist die Art und Weise, wie wir die richtige Anschauung erzeugen. Um ein immer tieferes und genaueres Verständnis zu erlangen, müssen die drei Ebenen von Weisheit entwickelt werden. Es gibt viele wichtige Objekte, über die man Weisheit aus Hören, Nachdenken und Meditation entwickelt. Eines der bedeutendsten Objekte von Weisheit sind die vier edlen Wahrheiten. Um die eigene Situation und auch die Situation anderer zu verstehen und um Grundlage, Weg und Ziel fehlerfrei zu erkennen, benötigt man diese drei Formen von Weisheit.

Wenn wir wirkliche Weisheit erlangen wollen, müssen wir uns von Anfang an mit einem richtigen Objekt beschäftigen – und ein richtiges Objekt sind die vier edlen Wahrheiten. Die edle Wahrheit des Leids wurde bereits erklärt. Hier eine kurze Zusammenfassung:

Es gibt drei Ebenen von Leid – das Leid der Schmerzen, das Leid des Wechsels und das umfassende Leid. Diese Leiden sind ein Kennzeichen des bedingten Daseins. Leidvolles Dasein ist nicht ein Objekt, das sich irgendwo anders befindet, sondern es ist unser gegenwärtiges Dasein. Unser Dasein ist von diesen drei Formen von Leid geprägt. Aus diesen dreien hat vor allem der Ausdruck *umfassendes Leid* eine wesentlich tiefere Bedeutung als das, was wir im allgemeinen unter Leid verstehen. Es bedeutet, daß wir in der gegenwärtigen Existenz ohne wirkliche Freiheit, in bedingter Weise bestehen. Diese Unfreiheit ist die tiefste Art von Leid. Ein Dasein ohne wirkliche Freiheit ist auch die Grundlage für viele weitere Probleme. Ein solches Dasein ist an sich leidvoll, und alle anderen Probleme sind mit diesem Mangel an Freiheit oder Selbstbestimmung verbunden. Das ist die Bedeutung der ersten edlen Wahrheit – und diese erste Wahrheit gilt es zu *erkennen.*

Buddhas Worte waren:
Dies ist die edle Wahrheit des Leids,
dies ist die edle Wahrheit des Ursprungs,
dies ist die edle Wahrheit der Befreiung, und
dies ist die edle Wahrheit des Wegs.

Weiter sagte Buddha:
Erkenne das Leid,
überwinde die Ursachen des Leids,
erlange die Beseitigung,
und wende den Weg an.

Damit sagt Buddha, was es in bezug auf diese Wahrheiten jeweils zu tun gibt: Das Leid gilt es *aufzugeben,* seinen Ursprung gilt es zu *erkennen,* die Freiheit gilt es zu *erlangen* und den Weg gilt es *anzuwenden.*

Eine kranke Person muß zuerst die eigene Krankheit erkennen. Sie muß einsehen, daß sie krank ist. Zu glauben, sie sei gesund, hilft ihr nicht weiter – die Krankheit zu erkennen ist sehr wichtig. Es gilt dabei nicht nur, die Krankheit anhand ihrer Symptome zu erkennen, sondern auch über den Ursprung der Krankheit Bescheid zu wissen. Solange wir die Ursache der Krankheit nicht kennen und sie nicht beseitigen, werden die Symptome immer wieder auftreten. Es ist deshalb entscheidend, die Ursachen einer Krankheit ausfindig zu machen.

Ferner muß eine solche Person nach Heilung streben. Eine Person, die ihrer Krankheit gleichgültig gegenübersteht, sucht erst gar nicht nach einer echten Behandlung. Wer sich dagegen ernsthaft nach Heilung sehnt, wird sich um eine Behandlung bemühen. Auch das ist unerläßlich – und wenn wir dann wirklich Heilung erfahren möchten, müssen wir uns dieser Behandlung unterziehen.

Entsprechend müssen wir zuerst die edle Wahrheit des Leids verstehen und dann auch den Ursprung von Leid erkennen, dann ein Streben nach Befreiung von Leid entwickeln und dann dem eigentlichen Weg folgen, um zu dieser Befreiung zu gelangen. Das Vorgehen dabei ist ähnlich wie bei einer kranken Person.

Die Reihenfolge, in der Buddha diese vier edlen Wahrheiten beschrieben hat, ist von großer Bedeutung. Buddha hat die vier edlen Wahrheiten nicht in ihrer kausalen Abfolge erklärt. Würde man so vorgehen, müßte man zunächst die Ursache des Leids beschreiben und erst dann das Resultat, nämlich das Leid selbst. Ebenso müßte man zuerst den Weg beschreiben und erst dann die Befreiung, die das Resultat des Weges ist. Buddha hat eine andere Reihenfolge gewählt: Er hat zuerst das Resultat und dann den Ursprung dieses Resultats dargelegt. Er hat zuerst das Leid und dann dessen Ursprung beschrieben, und er hat zuerst die Befreiung und dann den Weg erklärt.

Buddha hat damit die vier edlen Wahrheiten in der Reihenfolge des Erkennens ausgeführt. Zuerst müssen wir die eigene Situation erkennen, ebenso wie eine kranke Person zuerst einsehen muß, daß sie krank ist. Wenn wir die eigene mißliche Lage verstanden haben, dann suchen wir nach ihrer Ursache.

In der Reihenfolge des Erkennens kommt die Ursache also nach dem Resultat. Im Anschluß daran gilt es, den Zustand der Befreiung als wertvoll und erstrebenswert zu schätzen. Das führt dazu, daß wir nach dem Weg dorthin suchen.

Karma und Klescha

Das eigene Schicksal können wir im Moment nicht selbst bestimmen. Keine Freiheit über unser Schicksal zu besitzen bedeutet nicht, daß irgendwelche Objekte außerhalb von uns selbst unser Schicksal bestimmen. Das ist nicht der Fall. Unser Schicksal hängt vielmehr von uns selbst ab. Wenn Buddha sagt, unser Dasein ist ein bedingtes Dasein, meint er damit nicht, daß wir das eigene Schicksal nicht gestalten können. Wir können die eigene Geburt, den eigenen Tod und die eigene Wiedergeburt sowie alle Erfahrungen in diesem Leben, wie das Altern oder Krankheiten, nicht selbst steuern. Diese Vorgänge laufen nicht nach unseren Wünschen ab. Das bedeutet aber nicht, daß diese Vorgänge durch irgendwelche äußeren Ursachen bedingt sind.

Wenn das Schicksal im zyklischen Dasein nicht von den eigenen Wünschen bestimmt wird – was bestimmt dann das eigene Schicksal? Es sind unsere Handlungen, die das eigene Schicksal bestimmen. Im zyklischen Dasein sind alle gemeinsamen wie auch persönlichen Erfahrungen durch die eigenen Handlungen bedingt.

Was ist also der Ursprung von Leid? Der Ursprung von Leid sind Karma und Klescha, das heißt, Handlungen und Verblendungen. Karma bedeutet nichts anderes als Handlungen, die wir mit unserem Körper, unserer Rede und unserem Geist ausführen. Unsere Gedanken, unsere Rede und unsere körperlichen Handlungen sind Karma. Karma ist nicht so etwas wie ein Stern, der unser Schicksal von außen beeinflußt. Wir sollten Karma keinesfalls so verstehen. Mit Karma sind vielmehr die Handlungen der Wesen gemeint. Diese Handlungen sind für das Schicksal der Wesen verantwortlich. Auf sanskrit bedeutet *Karma* Handlung, Tätigkeit, Werk, Arbeit. Auf tibetisch wird das Wort *Lä* verwendet, was auch Handlung, Aktivitäten bedeutet.

Karma bestimmt unser Schicksal im zyklischen Dasein. Alle Wesen des zyklischen Daseins sind gefangen im Kreislauf von Geburt, Tod, Wiedergeburt und so weiter. Sie nehmen verschiedene Arten von Dasein an – manchmal etwas glücklichere, manchmal weniger glückliche und manchmal elende Arten von Dasein. Und sie erleben in ihrem jeweiligen Dasein viele verschiedene Situationen. Alle diese Situationen und Erfahrungen sind Resultate von Handlungen. Sie kommen nicht ohne Ursache, rein zufällig zustande – auch nicht durch einen Unfall oder einfach durch Glück und Pech. Statt dessen haben alle Erfahrungen eine Ursache. Diese Ursache ist keine äußere und auch keine einzelne Ursache. Es sind verschiedene Ursachen im Spiel, nämlich die Handlungen, die Motivationen hinter diesen Handlungen und die Verblendungen.

Allgemein gesprochen gibt es zwei Arten von Karma: reines und unreines Karma. Eine reine Handlung ist frei von grundlegender Unwissenheit und frei von Verblendungen wie Anhaftung und so weiter. Unreine Handlungen dagegen beruhen auf Verblendungen – besonders auf der Wurzelverblendung der Unwissenheit. Sie können positiv, negativ oder neutral sein. Handlungen von Wesen im zyklischen Dasein sind unreine Handlungen, weil sie unter dem Einfluß von Unwissenheit und anderen Verblendungen stehen. Das bedeutet aber nicht, daß alle Handlungen von uns gewöhnlichen Wesen sinnlos oder negativ wären. Wir führen negative und neutrale Handlungen aus, aber auch positive, die sehr wertvoll sind. Dennoch sind gegenwärtig alle unsere Handlungen als unrein zu bezeichnen. Das heißt nicht, daß sie schlecht sind, sondern daß sie nicht vollkommen sind, weil sie stets von Unwissenheit und Verblendungen wie Anhaftung und so weiter beeinflußt sind. Wesen im zyklischen Dasein, wie wir es sind, müssen unbedingt versuchen, jegliche negativen Handlungen zu vermeiden. Buddha hat keine Liste erstellt, auf der alle positiven und negativen Handlungen aufgezählt sind. Das wäre auch nicht möglich. Er hat statt dessen deutlich gemacht, daß alle Handlungen negativ sind, die auf Begierde und Haß beruhen. Alle Handlungen, die den Lebewesen Schaden zufügen und ihnen Leid bringen, sind negativ.

Negative Handlungen können als solche erkannt werden, indem wir ihre Ursache und ihr Resultat, nämlich ihre Wirkung auf die Lebewesen untersuchen. Allgemein ist alles, was es im Dharma zu verstehen gibt, nur im Zusammenhang mit den Wesen zu verstehen. Die Wesen stehen im Zentrum des Dharma. Nur mit Bezug zu den Wesen können wir von Positiv oder Negativ, Gut oder Schlecht, Sinnvoll oder Sinnlos sprechen. So ist alles, was den Wesen Schaden und Leid einbringt, negativ. Was auf die Wesen eine positive Wirkung hat, was ihnen wirklichen Nutzen, wirkliche Hilfe oder wirkliches Glück bringt, ist positiv.

So können wir zwischen Positiv und Negativ unterscheiden. Handlungen wie das Töten werden von allen vernünftigen Personen als sehr negativ betrachtet. Eine vernünftige Person versteht, daß diese Handlungen einem selbst und anderen großen Schaden zufügen und sich insofern negativ auswirken. Was anderen schadet, schadet früher oder später immer auch einem selbst. Handlungen wie Töten, Betrügen und so weiter sind negativ, weil sie ihren Ursprung immer in Verblendungen haben. Sie gründen nicht auf Erbarmen, reiner Liebe oder Weisheit, sondern auf geistiger Dumpfheit, Begierde, Haß, Ärger und so weiter. Aufgrund solcher negativer Einstellungen kommen falsche Handlungen zustande – und diese falschen Handlungen führen zu falschen Resultaten. Das ist das Wesen negativer Handlungen.

Im Gegensatz dazu gibt es auch viele Handlungen, die auf positiven Geisteszuständen beruhen wie etwa auf Begierdelosigkeit, Unwissenheitslosigkeit und Haßlosigkeit – oder, anders ausgedrückt, auf reiner Liebe, Weisheit und Erbarmen. Handlungen, die auf solche richtigen Zustände des Geistes zurückgehen, haben positive Auswirkungen auf die Lebewesen und erzeugen ein sehr nützliches Resultat. Es gibt viele verschiedene Handlungen dieser Art. Das kann großzügiges Geben sein, aber auch etwas anderes, wie Handlungen, die Ausdruck von Ahimsa, von Schadlosigkeit sind.

Ahimsa ist die Grundlage allen ethischen Verhaltens. *A* ist eine Verneinung, und *himsa* bedeutet Schaden zufügen. Also *keinen Schaden zuzufügen,* das ist die Basis jeglicher buddhistischer Ethik. Verhalten zu vermeiden, das anderen Wesen Schaden zufügt, ist eine sehr positive Handlung. Alle heilsamen Handlungen wie zum Beispiel Handlungen, die aus Liebe, Erbarmen oder Geduld ausgeführt werden, sind sehr wertvoll und bringen wirklichen Nutzen für einen selbst und andere, sowohl auf gemeinschaftlicher als auch persönlicher Ebene. Deshalb sollte man sich bemühen, heilsame Handlungen immer auszuführen und unheilsame zu vermeiden. Das ist auch der wesentlichste Punkt im Dharma.

Als Buddha einmal nach dem Inhalt seiner Lehre gefragt wurde, gab er folgende Antwort:

Tu gar nichts Unheilsames,
und führe Heilsames umfassend aus,
zähme deinen Geist vollständig,
das ist die Lehre des Buddha.

Wir sollten in unserer Anwendung versuchen, alles Unheilsame zu vermeiden und heilsame Handlungen auszuführen. Wir sollten uns nicht mit geringem oder nur teilweise Heilsamem zufriedengeben, sondern vollkommen Heilsames suchen. Das ist am Anfang nicht leicht. Wir müssen langsam Fortschritte machen, um zu diesem Ziel zu kommen. Niemand von uns ist gleich von Anfang an in der Lage, alles Negative zu vermeiden und vollkommenes Heilsames auszuführen. Wir sollten aber danach trachten, dieses Ziel zu erreichen.

Buddha gibt auch die Aufforderung *zähme deinen Geist vollständig*. Alle positiven und negativen Handlungen haben ihre Wurzel im eigenen Geist. Deshalb ist es das wichtigste, den eigenen Geist zu zähmen. Unser Geist ist noch wild wie ein ungezähmtes Pferd. Will ein Cowboy ein Pferd zähmen, muß er sich über einen gewissen Zeitraum hinweg anstrengen. Das ist auch bei unserem Geist so. Im Moment ist er in einem Zustand voller Aufmüpfigkeit und Ungehorsam. Mit entsprechenden Bemühungen und fortgesetzter Entschlossenheit ist es möglich, den eigenen Geist unter Kontrolle zu bringen. Je mehr man seinen Geist unter Kontrolle bringt, umso besser wird es möglich, die eigenen positiven Potentiale zu entwickeln und vollkommen zu machen.

Positive und negative Eindrücke

Der Ursprung von Leid ist Karma. Es gibt reines und unreines Karma. Reine Handlungen sind zum Beispiel Handlungen der Buddhas und Arya-Bodhisattvas. Diese Wesen haben die störenden Geistesfaktoren wie Unwissenheit und Verblendungen beseitigt. Wenn Verblendungen aus dem Geist entfernt sind, werden die Gedanken und Handlungen rein und sinnvoll, fehlerfrei und nützlich für alle Lebewesen.

Die unreinen Handlungen dagegen können in positive, negative und neutrale Handlungen unterteilt werden. Neutrale Handlungen haben keine besondere Wirkung. Sie sind weder heilsam noch unheilsam. Beispiele dafür wären Handlungen wie zu sitzen, zu stehen oder sich die Nase zu putzen. Es gibt viele solche Aktivitäten, die wir ausführen, ohne groß Notiz von ihnen zu nehmen. Wir tun diese Dinge einfach – sie sind nicht besonders positiv, sie haben keine besondere heilsame Wirkung auf die Lebewesen. Sie sind auch nicht schädlich. Es sind Handlungen, die wir einfach ausführen müssen.

Im Gegensatz dazu sind die positiven und negativen Handlungen wirkungsvoll. Sie bringen ein deutliches Resultat hervor, denn sie sind von heilsamen Geisteszuständen wie Erbarmen, Liebe und Geduld oder starken Verblendungen motiviert. Diese Kraft der Motivation verleiht den Handlungen viel Gewicht. Sie bringen direkt und indirekt ein konkretes Resultat hervor – für einen selbst und für andere Wesen. Solche Handlungen bestimmen das individuelle und kollektive Schicksal aller Lebewesen. Deshalb sind die positiven und negativen Handlungen so bedeutungsvoll. Das Schicksal in diesem wie auch in künftigen Leben hängt von den eigenen positiven und negativen Handlungen ab.

Alle positiven und negativen Handlungen haben immer zwei Resultate: ein unmittelbares und ein langfristiges Resultat. Das unmittelbare Resultat erfahren wir selbst und die anderen auf der Stelle. Wenn jemand tötet, ist das Leben eines Tieres oder eines Menschen zu Ende. Ein sofort sichtbarer, ungemein großer Schaden ist aus dieser Handlung entstanden. Das ist die unmittelbare negative Wirkung dieser Handlung. Darüber hinaus hinterläßt eine solche Handlung auch negative Eindrücke in unserem geistigen Kontinuum. Diese Eindrücke, die wir immer wieder in unser geistiges Kontinuum «pflanzen», bringen ihr Resultat in diesem Leben und, wenn sie stark genug sind, auch in künftigen Leben. Im Buddhismus wird daher immer wieder betont, daß das Schicksal der Lebewesen von ihrem früheren Karma abhängt. Die früheren Handlungen sind für die gegenwärtige Situation verantwortlich. Die gegenwärtigen Handlungen wiederum sind für die zukünftige Situation verantwortlich. Dieser Prozeß geht immer weiter.

Das geistige Kontinuum

Jede positive oder negative Handlung hat ein unmittelbares und ein langfristiges Resultat, das die Person selbst erfährt, in Abhängigkeit von den vielen Eindrücken, die sie in ihrem geistigen Kontinuum angesammelt hat. Das geistige Kontinuum hat verschiedene Ebenen. Das, was von einem Leben zum nächsten weitergeht, ist weder unser Körper noch unser momentaner Geist. Nicht alle Ebenen von geistigem Kontinuum verbinden eine Existenz mit der nächsten, sondern lediglich der subtilste Zustand des Geistes. Während des Lebens gibt es viele gröbere und feinere Ebenen unseres geistigen Kontinuums. Diese Ebenen wechseln auch ständig. Wenn wir wach sind, ist das *eine* Ebene des geistigen Kontinuums. Im Schlaf ist der Zustand des Geistes etwas subtiler. Eine feinere Ebene des Bewußtseins hat dann eine gröbere abgelöst. Wenn wir während des Schlafens träumen, ist das wieder eine andere Ebene. Der Traumzustand ist etwas gröber als der tiefe Schlaf, aber feiner als der Wachzustand.

Während unseres Lebens gibt es noch viele weitere Gelegenheiten, bei denen die gröbsten und die feinsten Zustände des Bewußtseins aktiv sind. Vor allem beim Sterben lösen sich diese gröberen Zustände unseres Geistes auf. Es kommen immer feinere Geisteszustände zum Vorschein – bis zum allerfeinsten, den wir den Zustand des *klaren Lichts* nennen. Dieser subtilste Geisteszustand tritt nicht zum Zeitpunkt des sogenannten klinischen Todes auf, sondern etwas später. Der klinische Tod ist nicht der wirkliche Tod, es ist ein Zustand *vor* dem wirklichen Tod. Nachdem ein Sterbender aufgehört hat zu atmen, folgen noch vier weitere Stufen der Auflösung, in denen unser Bewußtsein immer subtiler wird. Das allerletzte Stadium nach allen Auflösungsvorgängen ist der eigentliche Tod. Dies ist auch der allerfeinste Zustand des Geistes, und er wird *klares Licht* genannt.

Viele Menschen denken, der Tod stelle einen Abbruch dar. In Wirklichkeit ist der Tod kein Abbruch, denn unser subtiles geistiges Kontinuum reißt nicht ab. Der Tod dauert so lang, wie sich die Person in diesem subtilsten Zustand des Geistes befindet. Dieser Zustand kann mehr oder weniger lang dauern, je nach Situation. Solang die Person in diesem Zustand des Geistes verweilt, befindet sie sich im Tod. Danach erfährt sie erneut eine Veränderung, die wie ein Erwachen in einem gröberen Zustand des Geistes ist. In diesem Augenblick sind wir bereits in einer anderen Existenz, und das Kapitel des gegenwärtigen Lebens ist abgeschlossen.

Was ist nun die eigentliche Bedeutung der Ausdrükke *Leben* und *Tod*? Am Anfang des Lebens beginnt das geistige Kontinuum in einem subtilen Zustand und entwickelt bis sich zum gröbsten Zustand weiter.

Das dauert eine Weile an. Wir nennen diese Spanne das Leben. Eines Tages, wenn wir sterben, lösen sich diese groben Zustände des Geistes auf – bis hin zum subtilsten Zustand, den wir als Tod bezeichnen. Im Anschluß daran entwickeln sich wieder gröbere Zustände des Geistes, womit bereits die nächste Existenz angefangen hat. Das ist eine grobe Beschreibung der Art und Weise, wie eine Existenz mit der nächsten in Verbindung steht.

Diesen Körper und die gröberen Zustände des Geistes lassen wir zurück. Was weitergeht, sind subtile Zustände des Geistes. Sie bleiben aber auch nicht immer gleich, sondern verändern sich fortlaufend. Buddha hat gelehrt, daß alle zusammengesetzten Objekte vergänglich sind. Das geistige Kontinuum ist ebenfalls etwas Zusammengesetztes, und zwar eine Zusammensetzung aus vielen geistigen Augenblicken. Diese kürzesten geistigen Augenblicke machen gemeinsam das geistige Kontinuum aus. Was weitergeht, ist das aus diesen Augenblicken zusammengesetzte geistige Kontinuum.

Dieses Kontinuum ist nicht immer im selben Zustand. Wir denken, dieses Ich, diese Person, dieser Geist gehe ins nächste Leben weiter. Das ist falsch. Was weitergeht, ist eine ähnliche Kontinuität, aber nicht die gleiche Person, nicht der gleiche Geist. Die Person der gegenwärtigen Existenz geht nicht in die nächste Existenz über, und auch der gegenwärtige Geist erreicht nicht die nächste Existenz. Während Sie diese Zeilen lesen, verändern Sie sich als Person und verändert sich Ihr Körper. Sie sind nicht mehr die gleiche Person wie die, die begonnen hat, diesen Text zu lesen. Die Person, die begonnen hat, diesen Text zu lesen, ist bereits vergangen. Was stets von Ihnen bleibt, ist Ihre ähnliche Kontinuität. Die Person, die den Text zu lesen begonnen hat, existiert längst nicht mehr.

Auch Ihr Bewußtsein, ist nicht mehr das gleiche. Das Bewußtsein existiert in ähnlicher Weise als eine fortlaufende Kontinuität, die auch von einer Existenz zur nächsten weitergeht. Nicht *jede* Art von Bewußtsein stellt für ein Wesen die Verbindung von einer Existenz zur anderen her, sondern nur die subtilste Art von Bewußtsein.

Nun, heilsame wie auch unheilsame Eindrücke sind sehr wirkungsvolle karmische Eindrücke. Es gibt verschiedene Ebenen von karmischen Eindrükken: Manche sind schwach, manche sehr wirkungsvoll. Die wirkungsvollen karmischen Eindrücke sind auf der subtilsten Ebene unseres Bewußtseins eingeprägt. Auf diese Weise haben heilsame und unheilsame Eindrücke großen Einfluß auf unser zukünftiges Dasein. Letztlich sind unsere Erfahrungen und die Art, wie uns unsere gesamte Welt erscheint, von unserem Bewußtsein abhängig. Wir denken, die Wirklichkeit sei da draußen und für alle gleich.

Das ist aber nicht der Fall. Es verhält sich genau umgekehrt: Was wir Wirklichkeit nennen, ist relativ. Es gibt keine absolute Wirklichkeit, die da draußen, von ihrer eigenen Seite her besteht und für alle Wesen gleich ist. Es gibt eine Wirklichkeit für die Menschen, eine andere für die Tiere. Auch die einzelnen Menschen erfahren verschiedene Wirklichkeiten. Die karmischen Erfahrungen von uns Menschen sind ähnlich, was uns auch zu *einer* Gattung von Wesen macht – das heißt, wir machen ähnliche kollektive Erfahrungen.

Unsere individuellen Erfahrungen dagegen sind von unserem eigenen Bewußtsein abhängig. Was unserem Bewußtsein erscheint, wird stark von unseren karmischen Eindrücken beeinflußt. Aus diesem Grund kann ein bestimmtes Objekt der einen Person als etwas Angenehmes erscheinen, während es einer anderen Person als etwas Unangenehmes erscheint. Wie wir unsere Umwelt erfahren, hängt also von unserem Bewußtsein ab und ist daher relativ. Ebenso wie unsere Umwelt und unsere Erfahrungen ist auch die Zeit relativ und vom Bewußtsein, das diese Zeit erfährt, abhängig. Unser Bewußtsein kann von übermäßigem Egoismus, von starkem Selbstschätzen beeinflußt sein. Das beeinflußt wiederum alle weiteren Gedanken und Auffassungen, so daß man alles um sich herum als unangenehm erfährt. Ein starker Egoismus läßt einen alles negativ sehen, alle anderen werden als Störfaktor empfunden. Sowohl die Umgebung als auch die Mitmenschen, selbst die besten Freunde, werden als Störung erfahren.

Wie uns unsere Umwelt erscheint, ist von unseren Verblendungen beeinflußt – und deshalb erscheint uns alles ganz anders, als es ist. Auch unsere alltägliche Sichtweise ist falsch. Wir teilen alle Lebewesen in drei Gruppen: in Freunde, Feinde und uns Gleichgültige. Die ersten empfinden wir als angenehm, die zweiten als störend und die große Masse der dritten als bedeutungslos. Diese Sichtweise ist ebenfalls eine unserer vielen falschen Ansichten. Die Buddhas und Bodhisattvas haben Verblendungen und Egoismus überwunden. Sie teilen die Lebewesen nicht in diese drei Kategorien ein, sondern schätzen alle gleich. Sie empfinden nicht ein paar wenige als schätzenswert, andere als nicht schätzenswert und wieder andere als belanglos. Für sie ist jedes Lebewesen kostbar.

Für uns dagegen ist diese Dreiteilung etwas Reales – wir halten sie für ganz normal. Diese Trennung ist aber nicht normal, denn wie wir unsere Umwelt erfahren, ist von unseren Verblendungen und karmischen Eindrücken beeinflußt. Auf diese Weise können wir verstehen, wie negativ unsere Verblendungen sind. Sie führen gemeinsam mit den negativen Handlungen unweigerlich zu Leid.

Die edle Wahrheit des Leids entsteht aus der edlen Wahrheit des Ursprungs. Dieser Ursprung sind Karma und Klescha. Hier bedeutet Karma nicht Handlungen im allgemeinen, denn es gibt ja auch reine Handlungen, sondern im besonderen die unreinen und negativen Handlungen. Sie sind verantwortlich für alle Probleme im zyklischen Dasein. Unsere angenehmen und unangenehmen Erfahrungen im zyklischen Dasein sind die direkte Folge von gegenwärtigen und früheren Handlungen. Die gegenwärtigen Handlungen sind Umstände, die früheren Handlungen Ursachen. Gemeinsam bringen sie solche Erfahrungen von Glück und Leid hervor.

Unsere Handlungen sind nicht unabhängig. Sie sind von unserer eigenen Motivation abhängig. Die Ursache von Karma sind die Kleschas, die Verblendungen. Es gibt verschiedene Arten von Verblendungen. Daß Begierde, Haß und Eifersucht zu falschen Motivationen und dann zu falschen Handlungen führen, können wir leicht verstehen. Buddha spricht in diesem Zusammenhang aber von den Verblendungen, die für alles Karma, für alle reinen und unreinen Handlungen im zyklischen Dasein verantwortlich sind. Diese Verblendungen sind Unwissenheit und Verlangen. Haß, Ärger, Eifersucht und so weiter sind grobe Verblendungen, die sehr negativ sind. Unwissenheit und Verlangen dagegen sind subtile Verblendungen, die nicht als negativ oder schädlich erscheinen müssen. Nicht nur unsere negativen, sondern auch unsere positiven Handlungen sind immer von Unwissenheit und Verlangen beeinflußt. Es gibt sehr starkes Verlangen, aber auch sehr subtiles, das harmlos erscheint.

Wir sehnen uns stets danach, Glück zu erfahren und Leid nicht erfahren zu müssen. Das ist das grundlegende Verlangen, das allen Menschen und Tieren gemeinsam ist und das uns laufend in Bewegung hält. Dieses Verlangen ist eine der Wurzeln des zyklischen Daseins. Unsere Handlungen sind eng mit diesem Verlangen verbunden.

Die Unwissenheit

Dieses Verlangen beruht auf Unwissenheit, auf sanskrit *Avidya*, was *nicht kennen* bedeutet. Nichtkennen ist die Wurzelverblendung. Unter Unwissenheit ist hier nicht eine grobe Form von Unwissenheit zu verstehen, wie etwa jemandes Namen nicht zu kennen oder einer Sprache nicht mächtig zu sein. Diese Formen von Nichtkennen sind ebenfalls eine Art von Unwissenheit, die gewisse Probleme verursachen kann. In diesem Zusammenhang ist mit Unwissenheit aber eine Unwissenheit gemeint, die für das gesamte zyklische Dasein verantwortlich ist. Diese sehr subtile und grundlegende Unwissenheit wird im Buddhismus als *selbstgreifende Unwissenheit* bezeichnet. Sie ist die Grundlage für alle unsere Handlungen.

Es handelt sich dabei um eine Unwissenheit, die nach einer falschen Identität der eigenen Person, und zwar nach einem eigenständig existierenden Selbst greift. Das ist die Wurzelverblendung. Alle anderen Verblendungen, wie Anhaftung, Haß, Ärger, Verlangen und so weiter sind damit verbunden. Diese nach einem Selbst greifende Unwissenheit ist die tiefste Art von Unwissenheit. Sie ist eine Ansicht, die sich völlig irrt, was die Bestehensweise der eigenen Identität, der eigenen Person betrifft. Sie betrachtet die eigene Person in einer falschen Art und Weise. So wird im Buddhismus immer wieder gesagt, eine der wichtigsten Weisheiten, die es zu erlangen gilt, ist die Weisheit der Identitätslosigkeit, der Selbstlosigkeit, der Leerheit. Diese Weisheit erkennt das Greifen nach einer unabhängig existenten Identität als falsch, weil es eine unabhängige Identität nicht gibt. Eine unabhängige Identität, wie sie der Unwissenheit erscheint, ist lediglich eine Vorstellung, eine Projektion.

Die Identitätslosigkeit ist ein sehr wichtiger Punkt, den es zu verstehen gilt. Das bedeutet nicht, wir müßten verstehen, daß wir keine Identität haben und eigentlich gar nicht existieren. Solche nihilistischen Gedanken sind vollständig falsch und haben schlimmste Folgen. Eine solche Auffassung ist hier nicht gemeint. Vielmehr gilt es zu verstehen, daß die Art und Weise, wie wir uns betrachten, wie wir nach uns selbst greifen, im Moment vollkommen anders ist als die Art und Weise, wie wir wirklich existieren.

Wir existieren auf ganz andere Weise, als wir glauben. Wie existieren wir aber wirklich? Wir selbst und alles andere existiert immer in Abhängigkeit. Alles Existente ist *Pratitasamuthpada*, das heißt *abhängig existent*. Alle äußeren und inneren Objekte, alle Dinge und alle Wesen, angefangen von den erleuchteten Wesen bis hin zur eigenen Person, existieren ausschließlich in Abhängigkeit. Sie sind abhängig von Ursachen und Umständen, von den eigenen Teilen, von den Vorstellungen und Namen und vielem mehr. Der Ausdruck *klein* kann zum Beispiel nur in bezug zu etwas Größerem eine Bedeutung haben. Ebenso relativ ist, welches Ufer eines Flusses das diesseitige und welches das jenseitige ist. Es gibt weder ein absolutes diesseitiges noch ein absolutes jenseitiges Ufer. Um welches Ufer es sich handelt, hängt vom Standpunkt des Betrachters ab.

So existieren alle Dinge abhängig von verschiedenen Ursachen und Umständen, von Namen, Konzepten, Teilen und anderen Dingen. Auch die eigene Person, dieses Ich existiert so. Das Ich ist in Wirklichkeit eine abhängige Existenz. Es ist abhängig von

Ursachen, Umständen und Teilen, aus denen es sich zusammensetzt.

Im Buddhismus sprechen wir von den fünf Aggregaten, den fünf Ansammlungen, aus denen wir bestehen. Eine Person existiert auf der Grundlage der fünf folgenden Ansammlungen: Form, Empfindungen, Unterscheidungen, zusammengesetzte Faktoren und Bewußtsein. Das eigene Ich ist gänzlich abhängig von diesen fünf zusammenwirkenden Aggregaten. Auf der Grundlage dieser Aggregate wird der Name *Ich* gegeben. Das eigene Ich existiert somit nur auf abhängige und nominelle Weise.

Auch in Beziehung zu anderen existiert dieses Ich. Es steht in Bezug zu Du oder Er, Sie, Es und so weiter. Wir denken stets, wir seien von Anfang an Ich. Wir denken: «Ich bin ich, nur ich.» In Wirklichkeit ist dieses Ich nichts anderes als ein Standpunkt. Es ist ein Standpunkt von nur einem Wesen, den es in der Gesamtheit der Wesen einnimmt. Ich bin nur von meinem Standpunkt aus ich – vom Standpunkt aller anderen aus betrachtet bin ich niemals ein Ich. Für den einen bin ich du oder Sie, für den anderen er, für wieder andere irgendeine Person, ein Tibeter, ein Lama oder ähnliches. Und für den Rest der Welt existiere ich nicht. Ich bin ich, aber nur von diesem einen, nämlich meinem Standpunkt aus. Dennoch verteidigen wir diesen Standpunkt und sagen: «Ich bin ich und niemals etwas anderes.» In Wirklichkeit verhält es sich mit dem Ich, Du und so weiter nicht anders als mit dem dies- und jenseitigen Flußufer. Das eigene Ich und andere Wesen existieren in abhängiger Weise. Das ist die tatsächliche Art, wie alle Dinge existieren.

Vielleicht verstehen wir das intellektuell. Unser spontanes Greifen jedoch sieht ganz anders aus. Es ist nicht vernünftig und logisch, sondern gänzlich irrational. In unseren Augen existiert dieser Körper auf mysteriöse Weise als Besitz von jemandem. Zu wem gehören dieser Körper, dieser Geist, diese Empfindungen, die Kleidung, das Haus, das Auto, Feinde, Freunde und alles übrige? Im Zentrum aller dieser Dinge existiert, so glauben wir, ein Ich, das von Anfang an, wie selbstverständlich, da ist, das ganz stark und unabhängig in unserem Inneren wohnt. Uns erscheint es so, als existiere zuerst dieses Ich, dieser Besitzer von all diesen Dingen. Erst dank dieses Ichs, so denken wir, gebe es meinen Körper und meinen Geist.

In Wirklichkeit aber ist es genau umgekehrt. Eine Person existiert dank dieser Aggregate, also dank des Körpers und des Geistes. Das Ich, die Person ist vollkommen abhängig von den Aggregaten. Würden wir die Aggregate beiseite nehmen, gäbe es die Person nicht mehr. Uns erscheint es jedoch so, als gebe es zuerst das Ich. Wie selbstverständlich glauben wir: «Ich bin von Anfang an da, und dann sind, als Objekte dieses Ichs, mein Körper, mein Geist und so weiter hinzugekommen.» In unseren Augen ist dieses Ich das Zentrum von allem. Das ist aber die falsche Identität des Ichs. Daß diese Identität falsch ist, können wir leicht erkennen. Denn wenn das Ich so konkret, stark und offensichtlich wäre, könnten wir es ja suchen und finden. Sobald wir aber zu suchen beginnen, wird dieses Ich unklarer und unklarer. Untersuchen wir nicht näher, dann kommt dieses Ich in Momenten starker Emotionen wie Glück, Angst oder Traurigkeit sehr offensichtlich zum Vorschein. Es scheint dann noch stärker zu sein. Es tritt so stark auf, als ob wir es berühren könnten. Ein unkontrollierbares, kräftiges Ich tritt in Erscheinung. Das passiert, wenn wir dieses Ich nicht untersuchen.

Sobald wir aber genauere Untersuchungen anstellen, wird dieses Ich unklarer und löst sich schließlich in nichts auf, denn in Wirklichkeit gibt es dieses Ich nicht. Es existiert nicht auf diese konkrete Weise, sondern ist nur eine Vorstellung, eine Projektion. Wir können im Labor mit wissenschaftlichen Methoden unseren gesamten Körper bis hin zu den subtilsten Partikeln unter die Lupe nehmen – nirgendwo finden wir einen solchen Besitzer, ein solches Ich, ein solches Selbst. Wir finden viele Teile, aber den eigentlichen Besitzer dieser Teile finden wir nirgendwo.

Ebensowenig können wir durch korrekte analytische Meditation ein solches Ich, eine solche Identität finden. Wir kommen zum selben Schluß, nämlich daß es nirgends, weder im Körper noch im Geist, eine solche unabhängige Identität gibt. Was wir bei richtiger analytischer Meditation finden, ist die Leerheit von diesem Ich, also nicht eine Identität, sondern eine Identitätslosigkeit. Es ist vergleichbar mit einer Situation, in der wir glauben, unsere Geldbörse sei gut gefüllt, unterwegs aber das Geld verloren haben. Wenn wir dann etwas kaufen wollen und unsere Geldbörse öffnen, sehen wir, daß nichts drin ist. Das versetzt uns leicht einen Schock. Unser Glaube war ein falscher Glaube. Wenn wir die Geldbörse öffnen, sehen wir die Wirklichkeit, nämlich daß kein Geld drin ist.

Auf ähnliche Weise glaubten wir bisher immer, daß es in uns dieses konkrete, unabhängige, große Ich gebe, diese wichtige Person, die wie ein Besitzer der Aggregate auftritt. Wir können noch so lange richtige meditative Untersuchungen anstellen – ein so beschaffenes Ich ist nicht zu finden. Das versetzt uns ebenfalls einen Schock. Die letztliche Wirklichkeit der Person zu erkennen ist ein notwendiger Schock. Das bedeutet nicht, daß wir in Wirklichkeit nicht existieren. Das ist nicht die Frage. Wie schon gesagt, alles was es gibt, das existiert – was es nicht gibt, wie zum Beispiel ein Hasenhorn, existiert nicht. Aber alles, was es gibt, wie Personen und andere Objekte, existiert. Jedoch existieren sie nicht in der Weise, wie wir das glauben, sondern auf eine andere, und zwar abhängige Art – abhängig von Teilen, Ursachen, Umständen und Namen.

Ich ist auch ein Name. *Ich* ist ein deutscher Name. Auf tibetisch heißt Ich *nga*, in anderen Sprachen *je* oder *io*. Die Person ist sehr vom Namen abhängig. Ich zum Beispiel bin Gonsar. Dieser Person ist der Name Gonsar gegeben worden. *Tisch* ist ebenfalls ein Name. Alles existiert in dieser nominellen Art und Weise, und alles ist von verschiedenen Faktoren abhängig. Alle Dinge existieren und funktionieren nur auf diese Weise. Würden die Dinge nicht in abhängiger Art und Weise existieren, könnten sie nicht funktionieren. Nichts könnte sich verändern. Es funktioniert jedoch alles, und es ändert sich alles, weil alles in Abhängigkeit von Ursachen und Umständen existiert. Durch den Einfluß von Ursachen und Umständen kann sich alles ändern und funktionieren. Das wäre nicht der Fall, wenn alles von der eigenen Seite her, selbständig existieren würde. Alles, was existiert, so hat es Buddha gesagt, existiert in abhängiger Weise. Das entspricht der Wirklichkeit, und es ist die wichtigste Begründung dafür, daß alle Dinge leer sind – leer von Eigennatur, leer von Selbstnatur, leer von einer unabhängigen Natur.

Weil alle Dinge in abhängiger Weise existieren, haben sie keine eigene, unabhängige Natur. Diese Leerheit, diese Identitätslosigkeit auf der einen Seite und die Abhängigkeit auf der anderen Seite sind nicht widersprüchlich, sondern ergänzen einander. Das eine ist die Begründung für das andere. Wir sprechen von den zwei Wahrheiten aller Dinge, der konventionellen und der letztlichen Wahrheit.

Die konventionelle Wahrheit, beispielsweise einer Tasse, ist ihre abhängige Existenz. Die Tasse ist auf abhängige Weise entstanden. Die letztliche Wahrheit ist ihr Leersein von unabhängiger Natur. Abhängige Existenz ist die konventionelle und die Leerheit von Eigennatur die letztliche Wahrheit. Diese zwei Aspekte aller Dinge ergänzen sich. Sie sind nicht widersprüchlich, sondern der eine Aspekt unterstützt den anderen. Das ist die wirkliche Bestehensweise aller Dinge. Wir jedoch projizieren aufgrund unserer Unwissenheit eine falsche, unabhängige Identität in uns selbst und alle anderen Dinge hinein und glauben an diese Identität. Das ist Avidya, die grundlegende, selbst-greifende Unwissenheit.

Mit dieser Unwissenheit geht der Egoismus einher. Egoismus ist nichts anderes als die Einstellung, die das eigene Ich besonders hochschätzt. Wir projizieren nicht nur eine falsche Identität, sondern wertschätzen dieses falsche Ich auch noch und betrachten es als wichtiger als alle anderen Wesen. So kommt, abhängig von dieser grundlegenden Unwissenheit, Egoismus ins Spiel. Der Egoismus bewirkt Anhaftung gegenüber denjenigen, die dem Ich nahezustehen scheinen und Abneigung gegenüber denjenigen, die das nicht tun.

Unsere ganze Anschauung ist von selbst-greifender Unwissenheit, diesem Greifen nach einer falschen Identität beeinflußt. Unwissenheit ist deshalb die Wurzelverblendung, auf der alle anderen Verblendungen beruhen. Solange unsere Handlungen unter dem Einfluß dieser grundlegenden Unwissenheit stehen, sind sie immer unrein. Dennoch können solche unreinen Handlungen auch positiv sein.

Von dieser Unwissenheit freizukommen ist nicht leicht. Die Grundlage für eine Freiheit von Unwissenheit sind *Weisheit aus Hören, Weisheit aus Nachdenken* und *meditative Weisheit.* Diese müssen wir dafür einsetzen, die eigene Natur zu untersuchen. Dann gewinnen wir die Möglichkeit, zu erkennen, daß es unabhängige Identität nicht gibt. Zu dieser Einsicht zu gelangen ist das Ergebnis eines langsamem und schrittweisen Prozesses. Wenn wir dann einmal zu einer vollständigen Erkenntnis dieses Punktes gekommen sind, ist das eine letztliche Lösung unserer Probleme. Damit wir diese letztliche Lösung erreichen, ist es wichtig, von Anfang an die negativen Handlungen, die den Wesen Schaden zufügen, zu vermeiden und positive Handlungen, die einem selbst und anderen wirklichen Nutzen bringen, auszuführen.

Das Gesetz von Ursache und Wirkung, von den Handlungen und ihren Resultaten, ist ein natürliches Gesetz und ein wichtiger Teil des abhängigen Bestehens aller Dinge. Das zu verstehen und aufgrund eines solchen Verständnisses die negativen Handlungen zu vermeiden und positive auszuführen ist von Anfang an notwendig, wenn wir uns mit Dharma beschäftigen. Das allein genügt aber nicht. Wir müssen versuchen, noch tiefer zu analysieren und die Wurzel aller Fehler, aller Verblendungen, nämlich die Unwissenheit, langsam zu beseitigen. Erst wenn das erreicht ist, haben wir wirkliche Befreiung erlangt. Die wirkliche Bedeutung von Befreiung ist die Befreiung vom bedingten Dasein. Bedingtes Dasein ist die Folge von bedingten Handlungen, und bedingte Handlungen sind ein Resultat der Unwissenheit. Das zu verstehen und sich entsprechend zu verhalten ist der Sinn der zweiten edlen Wahrheit, der edlen Wahrheit des Ursprungs.

Die edle Wahrheit der Beseitigung

Mit der ersten edlen Wahrheit wird also nichts anderes als unsere gegenwärtige Situation, unser bedingtes Dasein beschrieben. Diese Art von Dasein ist von Leid gekennzeichnet, weil es ein Dasein ist, in dem wir keine Freiheit über das eigene Schicksal haben. Es ist ein Dasein, das durch Handlungen und Verblendungen bedingt ist. Sie bestimmen das Schicksal eines Wesens im bedingten Dasein. Das Schicksal in diesem und in künftigen Leben läuft nicht nach Wunsch ab, sondern gemäß den eigenen Handlungen. Unsere Art von Dasein wird ganz von unseren Handlungen bestimmt. Diese Handlungen wiederum sind von den Verblendungen wie Unwissenheit, Verlangen und so weiter bestimmt. Handlungen, die auf Unwissenheit und Verlangen beruhen, werden als unreine oder unfreie Handlungen betrachtet. Sie bringen als Resultat unfreie Situationen im bedingten Dasein hervor. Dieses bedingte Dasein ist von verschiedenen Leiden gekennzeichet, aber die tiefste Bedeutung von Leid ist dabei der Mangel an echter Freiheit. Diese Unfreiheit ist das besondere Kennzeichen des bedingten Daseins.

Die edle Wahrheit des Ursprungs beschreibt die Ursache, nämlich Handlungen und Verblendungen. Das bedeutet nicht, daß alle Handlungen eine Ursache für Leid wären. Handlungen können rein oder unrein sowie positiv, negativ oder neutral sein. Unreine, unfreie Handlungen beruhen auf Unwissenheit, Verlangen und anderen Verblendungen.

Die freien, reinen Handlungen sind die Handlungen der erleuchteten Wesen. Erleuchtete Wesen sind ebenfalls fortwährend aktiv. Sie handeln jedoch stets mit dem Ziel, sich für das Wohl aller Wesen einzusetzen. Ihre Handlungen sind nicht von der gleichen Art wie unsere Handlungen, denn es sind Handlungen mit freier Motivation, die nicht von Unwissenheit, Verlangen und so weiter beeinflußt sind. Die edle Wahrheit des Ursprungs bezieht sich nur auf die unfreien Handlungen, die auf der Grundlage von Unwissenheit, Verlangen und so weiter beruhen. Diese Form von Handlungen und die Verblendungen sind die edle Wahrheit des Ursprungs aller kollektiven und individuellen Leiden.

Die ersten beiden edlen Wahrheiten zeigen, was wir erkennen und was wir vermeiden müssen. Wie erwähnt, können die edlen Wahrheiten verglichen werden mit der Krankheit selbst, der Ursache der Krankheit, der Heilung von der Krankheit und der Behandlung der Krankheit. Zuerst muß ein Kranker seine Krankheit und dann die Ursache dieser Krankheit erkennen, und dann muß er diese beiden Dinge beseitigen. Heilung erfährt er schließlich, indem er sich der richtigen Behandlung unterzieht.

Analog dazu müssen wir zuerst die eigene leidvolle Situation und den Ursprung dieser Situation erkennen. Diese Erkenntnis ist nicht mit falschen Gedanken zu vermischen wie etwa der Auffassung, daß alles Glück und Leid von anderen Wesen oder sonstigen äußeren Kräften herrühre. Vielmehr ist zu erkennen, daß unser Glück und Leid von den eigenen Handlungen, Gedanken und Verblendungen stammt. Auf diese Weise gilt es, den Ursprung der Leiden fehlerfrei zu erkennen. Deshalb hat Buddha zuerst die Wahrheit des Leids und dann die Wahrheit des Ursprungs erklärt. Wenn jemand das eigene Problem oder die eigene Krankheit erkennt, führt das automatisch dazu, daß er den Ursprung des Problems herausfinden möchte. Eine vernünftige Person wird dann versuchen, diesen Ursprung zu beseitigen. Auf ähnliche Weise müssen wir die edle Wahrheit des Leids und dessen Ursprung fehlerfrei verstehen und dann den ernsthaften Wunsch erzeugen, diesen Ursprung zu beseitigen. Deshalb hat Buddha die edlen Wahrheiten in dieser Reihenfolge erklärt. Der wahre Ursprung des Leids ist dabei die Unwissenheit, die nach Selbstexistenz greift.

Wenn wir das alles erkannt haben, reift automatisch der Wunsch in uns heran, Freiheit zu erlangen.

Es verhält sich so wie bei einer schwerkranken Person, die verstanden hat, woran sie leidet – auch in ihr tritt automatisch der Wunsch auf, von den Symptomen und vom Ursprung der Krankheit freizukommen. In gleicher Weise tritt im eigenen Geist automatisch das Streben nach echter Freiheit auf.

In diesem Zusammenhang kann in uns die Frage aufkommen, ob es überhaupt möglich ist, Freiheit von Leid zu erreichen. Das ist möglich. Wie Buddha deutlich gemacht hat, kann jedes Wesen Freiheit erlangen. Einer der Hauptgründe dafür ist, daß die Verblendungen wie Unwissenheit, Verlangen und so weiter zwar stark und mächtig zu sein scheinen, aber nicht fester Bestandteil des eigenen Geistes sind. Sie sind ein zeitweiliges, oberflächliches Hindernis, aber kein fester Bestandteil unseres Geistes. Mit den richtigen Mitteln und Bemühungen ist es möglich, auch noch so tief verwurzelte und kräftige Verblendungen zu beseitigen, denn sie gehören nicht untrennbar zu unserem Geist. Wären die Verblendungen ein untrennbarer Bestandteil unseres Geistes, wäre das eine hoffnungslose Situation. Was immer wir unternähmen, wir kämen nie von den Verblendungen frei.

Wenn jemand versuchte, ein Stück Kohle mit Wasser weißzuwaschen, würde er zwangsläufig scheitern. Solche Bemühungen wären sinn- und hoffnungslos, denn die schwarze Farbe ist fester Bestandteil der Kohle. Mit welcher Seife oder welchem Wasser wir auch Kohle behandeln – sie wird nie weiß werden. Wenn dagegen ein Stück Kristall oder Marmor dick mit Farbe bestrichen ist, können wir diese Farbe mit dem richtigen Lösungsmittel, der richtigen Anwendung und etwas Geduld restlos entfernen. Der Kristall wird ganz rein zum Vorschein kommen, denn die Farbe oder Unreinheit ist nicht von der Natur des Kristalls oder des Marmors. Mit korrekten und entschlossenen Bemühungen können wir diesen Gegenstand über kurz oder lang wieder vollkommen reinigen.

Auf ähnliche Weise kann unser Geist zurzeit über und über von Verblendungen wie Unwissenheit, Ärger, Begierde oder Eifersucht verschmutzt sein. Diese Verunreinigungen können wir ebenfalls mit den richtigen Mitteln und entschlossenen Bemühungen beseitigen. Es ist so wie mit dem Himmel. Auch er kann von dicken schwarzen Wolken verhangen sein. Ein starker Wind kann aber wenig später alles weggeblasen haben und der Himmel wieder wolkenfrei sein. Die Wolken sind nicht Bestandteil des leeren Raums, des Himmels. Ebenso können Unwissenheit und Verblendungen in uns sehr stark sein. Alle negativen Emotionen, falschen Vorstellungen und Fehlauffassungen können sehr intensiv in uns auftreten und dabei unsere Ruhe erschüttern, uns aus der Fassung bringen. Das kommt vor, solange wir keine Kontrolle über unseren Geist besitzen.

Diese Verblendungen sind aber kein Bestandteil unseres Geistes. Buddha hat gesagt, die Natur des Geistes sei klar und licht. Das bedeutet, daß die letztliche Natur unseres Geistes von keinerlei Hindernissen und Verblendungen bedeckt ist. Die Natur des Geistes ist klar. Sie ist so, als wäre sie durchsichtig. Da die Verblendungen nicht Bestandteil der Natur des Geistes sind, ist es möglich, vom Ursprung aller Leiden freizukommen – und wenn die Ursache beseitigt ist, dann ist auch das Resultat beseitigt. Die Ursache für Leid sind die Verblendungen, vor allem die Unwissenheit, die nach einer falschen, unabhängigen Identität greift. Im Gefolge dieser grundlegenden Unwissenheit entstehen Egoismus, Begierde, Haß und viele weitere Verblendungen. Alles das entspringt dieser Unwissenheit.

Weisheit

Diese Unwissenheit können wir mit dem richtigen Gegenmittel überwinden. Dieses Gegenmittel ist Weisheit – nicht irgendeine oberflächliche Weisheit, sondern die Weisheit, die die Natur der Dinge fehlerfrei wahrnimmt. Sie nimmt direkt und fehlerfrei war, wie wir selbst und alle anderen Dinge letztlich existieren. Haben wir diese Weisheit in unserem Geist entwickelt, gibt es keinen Platz mehr für ihr

Gegenteil, nämlich die Unwissenheit. Diese glaubt an eine falsche Identität, projiziert sie und greift nach ihr. Die Weisheit nimmt genau das Gegenteil wahr, das *Leersein* von dieser falschen Identität. Diese Identitätslosigkeit sollten wir nicht mißverstehen. Sie bedeutet nicht, daß wir auf der konventionellen Ebene keine Identität hätten. Jeder hat seine eigene Identität, seine Identität als Tibeter, Schweizer, Mönch, Tier und so weiter. Das ist die konventionelle Ebene. Diese Identität ist aber weder innewohnend noch absolut noch unabhängig. Sie ist nur eine Vorstellung unserer Unwissenheit, die in uns ein Ich hineinprojiziert, das wie ein selbständiger, unabhängiger Besitzer auftritt. Ein solcher Besitzer existiert in Wirklichkeit nicht. Wir aber glauben an ihn und hängen stark an ihm. Infolgedessen entstehen alle anderen Verblendungen wie Egoismus, Begierde, Haß und Eifersucht.

In gleicher Weise greifen wir auch nach einer falschen Identität in bezug auf unsere Freunde, Feinde und alle äußeren und inneren Dinge. Wir betrachten sie als etwas, das von seiner eigenen Seite her, unabhängig, in innewohnender Weise existiert. Diese unabhängige Identität projizieren wir in alles hinein. Wir glauben dann an diese Identität und greifen danach. Das resultiert in vielen verschiedenen falschen Einstellungen und Verblendungen in bezug auf alle Objekte. An der Wurzel all dessen steht die grundlegende Unwissenheit. Diese angenommene Identität, die die grundlegende Unwissenheit wahrnimmt, ist falsch – sie existiert nicht im geringsten. Wir selbst existieren in abhängiger Weise und alles andere auch. Alles ist abhängig von seinen Teilen, Ursachen, Umständen, Namen, Vorstellungen und so weiter.

Alle Dinge funktionieren und existieren ohne unabhängige Identität. Daß wir und alles andere in abhängiger Weise existieren, können wir intellektuell verstehen – jede intelligente Person ist dazu in der Lage, wenn sie ein bißchen darüber nachdenkt. Eine solche Erkenntnis ist jedoch nur intellektuell. Das ist besser als nichts, aber dieses intellektuelle Wissen allein ist kein wirkungsvolles Gegenmittel gegen unsere spontane Unwissenheit. Es wirkt schon etwas korrigierend, ist aber nicht kräftig genug, um die Unwissenheit ganz zu überwinden. Damit uns das gelingt, müssen wir nicht nur intellektuelles Wissen, sondern auch eine direkte Wahrnehmung dieser Zusammenhänge erlangen.

Angenommen, ein Kind betritt ein nahezu leeres, dunkles Haus. Wenn dann in der Garderobe ein Mantel hängt, der vom Wind bewegt wird, denkt es vielleicht, da sei ein Gespenst. Es ist aufgeregt und bekommt Angst. Auch andere Kinder werden beunruhigt sein. Ein Erwachsener mag zwar fest davon überzeugt sein, daß in dem Haus kein Gespenst spukt – seine beteuernden Erklärungen werden aber die Furcht des Kindes nicht ganz überwinden. Sie helfen nur ein bißchen. Wenn jemand fest daran glaubt, mit eigenen Augen ein Gespenst gesehen zu haben, helfen die Erklärungen anderer, daß es sich unmöglich um ein Gespenst gehandelt haben kann, nur wenig. Diese Erklärungen können die falsche Auffassung nicht ganz beseitigen. Geht der Erwachsene aber gemeinsam mit dem Kind ins Haus und leuchtet mit einer Lampe in den Winkel, dann sieht das Kind, daß da nur ein Mantel hängt. Es sieht direkt, daß es kein Gespenst gibt. In diesem Augenblick verschwindet die falsche Auffassung, dieses falsche Greifen.

Sobald wir die Wirklichkeit wahrgenommen haben, haben Unwissenheit und falsche Vorstellungen keinen Raum mehr. Alle falschen Vorstellungen kommen davon, daß wir die Wirklichkeit nicht wahrgenommen haben. Die falschen Vorstellungen können sich dadurch richtig breitmachen. Wir stellen uns alles mögliche vor. Sobald wir aber die Wirklichkeit erkannt haben, ist für falsche Vorstellungen kein Platz mehr. Deshalb ist es wichtig, diese Weisheit zu erlangen.

Freiheit

Die Verblendungen und Hindernisse sind nicht fester Bestandteil unseres Geistes. Wir können sie mit den richtigen Gegenmitteln überwinden. Alle Fehler des Geistes wie diese Fehlansichten, Egoismus, Begierde und Haß können beseitigt werden. Deshalb können alle Lebewesen wirkliche Freiheit erlangen.

Wirkliche Freiheit bedeutet Freiheit von allen Leiden und ihren Ursachen, das heißt, Freiheit von Unwissenheit und allen damit verbundenen Verblendungen. Wenn diese Verblendungen beseitigt sind, erreichen wir echte Freiheit, und die eigenen Handlungen sind nicht mehr unrein. Diese karmische Erzeugung leidvollen Daseins ist zu Ende. Daß leidvolles Dasein und seine Ursachen zu Ende sind, ist die eigentliche Bedeutung von Freiheit. Im Buddhismus wird diese Freiheit Nirvana genannt, was *jenseits von Leid* bedeutet. Diese Freiheit von Leid ist ein erstrebenswertes Ziel.

Über dieses Ziel können wir auch wieder viele falsche Ansichten haben. Zum einen gibt es nihilistische Fehlauffassungen. Diese versuchen, jede Möglichkeit zu widerlegen, daß Freiheit von Leid erlangt werden kann. Wenn wir denken, es gebe keine Möglichkeit, vom Leid und den Verblendungen freizukommen, ist das eine sehr enge und negative Auffassung. Sie ist gekoppelt mit starker Unwissenheit, Faulheit oder einigen anderen Verblendungen, die uns dazu bewegen, alle Möglichkeiten auf Verbesserung zu verneinen. Wir denken dann, man müsse einfach leiden, das sei Teil der Existenz und es gebe keine Möglichkeit, von Leid freizukommen, weil die Verblendungen von der Natur unseres Geistes seien und wir somit nicht ohne Verblendungen existieren könnten. Wenn wir so meinen, die Verblendungen seien Teil des Geistes, ist es fast so, als bräuchten wir die Verblendungen, als kämen wir ohne Begierde, Ärger und Eifersucht gar nicht aus. Das ist die gravierendste Fehlauffassung. Für eine solche Ansicht gibt es keine richtige logische Begründung. Man kann höchstens sagen, man habe eine solche Freiheit noch nicht gesehen oder erlangt. Eine wirkliche Begründung, daß es diese Freiheit nicht gibt, ist das aber nicht.

Eine weitere falsche Auffassung wäre es, diese Freiheit zwar zu akzeptieren, aber zu denken, sie sei ein äußeres Objekt wie ein Land oder ein Ort, der schon vor uns existiert hat und an den wir einfach kommen könnten. Das ist ebenfalls nicht die Bedeutung von Freiheit.

Buddha hat gesagt:
Ich habe euch den Weg der Freiheit gezeigt,
aber Freiheit hängt von euch selbst ab.

Das bedeutet, daß wir Freiheit, Nirvana oder wie wir es auch nennen mögen, selbst erzeugen müssen. Natürlich existiert bereits die Freiheit, die viele andere Wesen erlangt haben. Die eigene Freiheit existiert jedoch noch nicht. Erst wenn wir die eigenen Verblendungen beseitigt haben, existiert das eigene Nirvana.

Die eigene Freiheit müssen wir noch selbst verwirklichen. Wir müssen für uns selbst einen Zustand erreichen, in dem wir frei von allen Verblendungen des Geistes sind. Dadurch bleiben auch die Folgen der Verblendungen, die unreinen Handlungen, aus. Und wenn diese Art von Handlung aufhört, bleiben auch die Folgen dieser Handlungen, die leidvollen Daseinsformen, aus. Diese Art des Daseins für immer beseitigt zu haben ist die Bedeutung von Freiheit, und diese Freiheit müssen wir selbst erreichen. Wenn wir denken, Freiheit sei ein Ort oder ein Land, verfehlen wir die eigentliche Bedeutung von Freiheit.

Manche von Ihnen werden wissen, daß man im Buddhismus Gebete spricht, um nach dem Tod in ein Buddha-Reich wie das reine Land des Buddha Amitabha zu kommen. Diese Möglichkeit besteht – wir können tatsächlich an einem Ort, an dem eine besondere Erscheinung der Buddhas anwesend ist, geboren werden. Das bedeutet aber nicht, daß wir Freiheit erlangt hätten, sobald wir uns in einem solchen Land befinden. Solche äußeren Umstände sind zwar sehr förderlich, um die eigene Freiheit schneller zu erlangen, aber diese eigene Freiheit müssen wir erst noch selbst verwirklichen – auch wenn wir uns in der Gegenwart eines Buddha aufhalten. Bloß den eigenen Aufenthaltsort zu wechseln kann deshalb nicht Freiheit garantieren, weil echte Freiheit kein äußeres Land, kein äußeres Objekt ist.

Mancherorts findet sich noch ein weiteres falsches Verständnis von Nirvana. Dazu kann es kommen, wenn wir die Unterweisungen des Buddha nicht klar verstanden haben. Nirvana wird dann als totale Auflösung der eigenen Person, als Verlöschen des eigenen Kontinuums verstanden. Das ist eine weitere falsche Interpretation von Freiheit. Nirvana ist keine Auflösung der eigenen Person, keine Beendigung des Kontinuums. So etwas gibt es nicht, denn so etwas ist nicht möglich – und wäre es möglich, dann wäre es kein erstrebenswertes Ziel. Alle Anstrengungen zu unternehmen, um sich dann in nichts aufzulösen, wäre kein sinnvolles Ziel. Es ist wesentlich besser zu existieren.

Verlöschen der eigenen Existenz ist nicht die Bedeutung von Nirvana. Manchmal findet man in den Texten Passagen wie die, daß Nirvana die Freiheit von Existenz sei. Damit ist nicht Freiheit von Existenz im allgemeinen gemeint, sondern Freiheit von Existenz im Kreislauf bedingten Daseins, in dem wir immer wieder ohne eigene Kontrolle Geburt nehmen, sterben und erneut Geburt nehmen müssen. Solch leidvolles Dasein zu einem Ende zu bringen ist die Bedeutung von Nirvana. Ein Ende der Person oder des Kontinuums ist nicht unter Nirvana zu verstehen, sondern das Ende der Unwissenheit und aller damit verbundenen Verblendungen wie Begierde, Haß, Eifersucht und Stolz. Man spricht im Buddhismus von sechs Wurzelverblendungen und zwanzig sekundären Verblendungen. Es sind eigentlich noch viel mehr, denn alle diese negativen Vorstellungen sind so zahlreich, daß wir sie nicht genau zählen können. Selbst binnen weniger Minuten können wir unzählig viele falsche Einstellungen zum Beispiel über eine andere Person haben. Diese Einstellungen sind nichts weiter als Verblendungen.

Alle Verblendungen einzeln aufzulisten ist fast unmöglich. Wir können sie aber in Gruppen zusammenfassen. So gibt es zum Beispiel eine Gruppe von Verblendungen, die mit Anhaftung in Verbindung stehen, eine Gruppe, die mit Abneigung verbunden sind, eine Gruppe, die auf Stolz beruhen und so weiter. Auf diese Weise kann man alle verschiedenen falschen Vorstellungen in Gruppen einteilen.

Die Wurzel aller Verblendungen nennen wir die drei Gifte – das sind Unwissenheit, Begierde und Haß. In der tibetischen Medizin betrachten wir diese drei Gifte nicht nur als Wurzel für die geistigen Probleme, sondern auch für die physischen Krankheiten. Geist und Körper haben eine sehr enge Verbindung. Diese drei geistigen Krankheiten und körperliche Krankheiten hängen eng miteinander zusammen. Das wird auch in den Medizin-Tantras genau beschrieben. Die drei Gifte Unwissenheit, Anhaftung und Haß sind in Wirklichkeit die Wurzel für alle Leiden und Probleme, nicht nur für geistige, sondern auch körperliche, nicht nur für individuelle, sondern auch gesellschaftliche. Alle diese Schwierigkeiten kommen, wie Buddha deutlich gemacht hat, von den Verblendungen. Deshalb müssen wir sie mit den richtigen Gegenmitteln beseitigen. Die Gegenmittel von Unwissenheit, Anhaftung und Haß sind Weisheit, Erbarmen und reine Liebe. Wie die Verblendungen befinden sich auch die Gegenmittel in unserem Geist. Diese geistigen Probleme müssen mit einer Gegenkraft überwunden werden, die sich im selben Geist befindet. Verblendungen können nicht mit Medikamenten oder anderen äußeren Mitteln beseitigt werden, sondern nur, indem sich eine Veränderung im Geist selbst vollzieht. Unwissenheit ist eine Einstellung, die wir nur mit einer anderen Einstellung aus dem Geist entfernen können. Auch Anhaftung und Haß sind Einstellungen, die nur mit einer Gegenkraft im selben Geist überwunden werden können.

Es gibt noch eine dritte falsche Auffassung über die Freiheit. Die erste war die nihilistische Auffassung, die verneint, daß es möglich ist, Freiheit zu erlangen. Die zweite falsche Auffassung war, die Freiheit als äußeres Objekt zu betrachten. Die dritte falsche Auffassung sieht diese Freiheit als momentanes, zeitlich begrenztes Glückserlebnis. Auch das ist nicht korrekt, denn die eigentliche Freiheit ist eine endgültige Freiheit von Verblendungen und Leid. Haben wir diese Freiheit erlangt, fallen wir nie wieder in Verblendungen und Leiden zurück. Wäre das nicht der Fall, würde es sich nicht um eine echte Freiheit handeln. Freiheit ist also kein zeitlich begrenztes Erlebnis.

Manchmal kommt es vor, daß eine Person in Meditation etwas Konzentration entwickelt, dadurch einen besonders friedlichen und angenehmen geistigen Zustand erfährt und dann denkt: «Jetzt habe ich Freiheit erlangt.» Dieser Zustand ist jedoch alles andere als stabil. Wenig später, wenn die Versenkung nachläßt, kommen alle Probleme wieder zum Vorschein. Ist diese Person fest davon überzeugt, daß sie echte Freiheit erlangt hat, bevor die Verblendungen zurückgekommen sind, kann das zur beschriebenen Fehlauffassung führen. Das ist schon manchen Menschen passiert. Sie haben Glückserlebnisse als Freiheit betrachtet, noch ehe sie wirkliche Freiheit erlangt hatten. Später sind wieder die alten Verblendungen aufgetreten, weshalb sie zum falschen Schluß gekommen sind, es gebe keine wirkliche Freiheit. Solche Fehler entstehen aufgrund von Fehlinterpretationen.

Wirkliche Freiheit ist eine Freiheit, die nicht degenerieren kann. Sobald wir echte Freiheit erreicht haben, können Verblendungen nicht wieder auftreten.

Freiheit ist ein zeitlich unbegrenztes Erlebnis. Während der Meditation und auch im Alltag können wir verschiedene andere Glücksmomente erfahren. Diese Erlebnisse sind aber keine echte Freiheit.

Zwei Arten der Beseitigung

Näher betrachtet gibt es zwei Ebenen von Nirvana, zwei Ebenen eines Zustands jenseits von Leid: Pratimokscha und die Buddhaschaft. Pratimokscha ist die individuelle Freiheit. Buddhaschaft ist der Zustand der vollen Erleuchtung – sie wird als Mahaparinirvana bezeichnet, was höchstes oder großes Nirvana bedeutet und nichts anderes bedeutet als *Zustand des Buddha, Zustand der vollen Erleuchtung.* Buddhaschaft ist das höchste Nirvana. So gibt es zwei Zustände des Nirvana: individuelle Freiheit und den höheren Zustand der vollen Erleuchtung.

Eine Person kann nach individueller Freiheit streben, indem sie zuerst sieht, daß dieses zyklische Dasein unbefriedigend und leidvoll ist. Sie hat richtig verstanden, wie dieses Dasein zustande kommt, das heißt, sie hat verstanden, daß alles von Karma, Unwissenheit und so weiter beeinflußt ist. Wenn sie diese Vorgänge des zyklischen Daseins erkannt hat, wünscht sie sich, selbst so schnell wie möglich von diesem zyklischen Dasein freizukommen. Diese Person sieht es als unabdingbar an, für sich selbst diese Freiheit zu verwirklichen und strebt danach. Sie arbeitet für dieses Ziel und erlangt es auch. Das ist dann individuelle Befreiung. Eine solche Person erkennt zuerst ihre Situation im zyklischen Dasein und entwickelt dadurch Entsagung. Entsagung bedeutet dieses ernsthafte Streben nach Freiheit, hervorgerufen durch die Erkenntnis des Leids im zyklischen Dasein. Das ist die Bedeutung von Entsagung. Wenn eine Person Entsagung im eigenen Geist hervorbringt, dadurch nach individueller Befreiung strebt und sich bemüht, dieses Ziel zu erreichen, wird ein solcher Weg im Buddhismus als geringerer Weg bezeichnet, als Kleiner Weg oder als Weg der Person mit geringerer geistiger Fähigkeit. Der Grund dafür ist, daß sich diese Person zwar nicht ausschließlich, aber hauptsächlich um sich selbst kümmert.

Das bedeutet nicht, daß eine solche Person gleichgültig gegenüber den anderen Wesen wäre. Sie sorgt sich aber hauptsächlich um diese individuelle Befreiung, nach der sie sich stark sehnt und auf die sie ernsthaft hinarbeitet. Eine solche Person ist eine Person auf einem kleineren Weg, weil sie dieses Ziel nur für sich selbst anstrebt. Sie will Befreiung für sich selbst erlangen, weshalb dieser Weg als Kleiner Weg bezeichnet wird.

Eine Person mit einer breiteren Sichtweise und größerem Erbarmen entwickelt zuerst die gleiche

Entsagung gegenüber der Situation im Samsara. Sie sieht dann aber, daß sie nicht allein im zyklischen Dasein gefangen ist. Alle anderen Wesen stecken in genau der gleichen leidvollen Situation. Eine solche Person konzentriert sich nicht nur auf sich selbst, auf die eigenen Probleme und auf die Suche nach der eigenen Freiheit, sondern wendet sich mehr und mehr der Situation der anderen Wesen im zyklischen Dasein zu und schenkt ihnen ihre Aufmerksamkeit. Sie erkennt besser und besser die Situation und entwickelt dadurch sehr starkes Erbarmen und allumfassende Liebe gegenüber den anderen Wesen. Diese Person möchte dann nicht nur sich selbst, sondern alle Wesen des zyklischen Daseins von Leid und den Verblendungen befreien. Sie läßt diese Einstellung immer stärker werden und übernimmt die Verantwortung dafür, daß alle Wesen Freiheit erlangen. Sie strebt nach diesem Ziel und unternimmt alles, um es zu erreichen.

Eine solche Person geht den großen Weg, den Weg des Bodhisattva. Ein Bodhisattva ist ein besonderer Anwender. Er ist jemand, der sich voll und ganz für das Wohl der anderen Wesen einsetzt. Er kümmert sich gezielt darum, daß alle anderen Wesen von Leid und den Ursachen des Leids freikommen, das heißt, er richtet alle eigenen Anwendungen nur auf dieses Ziel hin aus. Ein Bodhisattva sieht, daß es notwendig ist, die volle Erleuchtung und nicht nur die individuelle Befreiung zu erlangen. Er erachtet es als unerläßlich, den Zustand der vollen Erleuchtung, diesen Zustand der Vollkommenheit von Weisheit, Erbarmen und allen weiteren positiven Eigenschaften und Fähigkeiten zu erlangen.

Ein Bodhisattva macht das nicht, um der Beste und Höchste zu sein, sondern weil er erkennt, daß dieser Zustand der Vollkommenheit notwendig ist, um das Wohl aller Lebewesen zu erfüllen. Er sieht diesen Zustand der Erleuchtung als unentbehrliches Werkzeug, um sich effizient für das Wohl der Wesen einsetzen zu können.

Wenn jemand Wasser trinken möchte, sucht er zuerst nach einem Glas. Sein Ziel ist das Wasser, nicht das Glas, aber das Glas ist notwendig, um Wasser trinken zu können. Auf ähnliche Weise suchen die Bodhisattvas nach Erleuchtung. Ihr eigentliches Ziel ist nicht die eigene Erleuchtung, sondern sie verstehen die eigene Erleuchtung als unumgängliches Werkzeug, um bestmöglich das Wohl der Wesen erfüllen zu können. Ein Bodhisattva ist zuerst ganz von seinem Erbarmen bewegt und möchte die volle Verantwortung auf sich nehmen, die anderen Wesen zu letztlichem Glück zu führen. Er sieht jedoch, daß das im Moment nur ein Wunsch ist und er noch keine Möglichkeit besitzt, dieses Ziel zu verwirklichen, weil seine Fähigkeiten noch begrenzt sind. Sein Erbarmen und seine Weisheit, seine Kräfte und weiteren positiven Eigenschaften sind vergleichsweise noch schwach und unvollständig. Der Bodhisattva erkennt, daß er diese Vollkommenheit erlangen muß, um sie als Mittel für sein eigentliches Ziel einzusetzen, nämlich das Wohl aller Lebewesen effizient zu verwirklichen.

Wenn er die volle Erleuchtung erlangt hat, hat er Buddhaschaft, höchstes Nirvana, erlangt. Das andere Nirvana, Pratimokscha, ist die individuelle Befreiung einer Person, die zunächst unzufrieden mit dem eigenen zyklischen Dasein ist, es als leidvoll erkennt und dann versucht, sobald wie möglich selbst davon freizukommen. Dafür sind Ethik, Weisheit und Konzentration erforderlich. Die Ethik von Körper, Rede und Geist anzuwenden bedeutet, die negativen Handlungen und Gedanken zu vermeiden und positive auszuführen. Eine solche Ethik ist unerläßlich. Zudem ist vollkommene Konzentration notwendig, denn unser Geist ist im Moment wild und außer Kontrolle. Aus solch einem Zustand des Geistes heraus Weisheit zu erlangen ist unmöglich. Deshalb muß Konzentration entwickelt werden.

Schließlich müssen wir versuchen, Weisheit zu entwickeln, und zwar die Weisheit, die die letztliche Wirklichkeit der Dinge fehlerfrei wahrnimmt. Mit Hilfe dieser Weisheit werden die eigene Unwissenheit, die Verblendungen und Karma beseitigt, und das zyklische Dasein kommt zu seinem Ende.

Das ist die Vorgangsweise der Kleinen Person. Der Bodhisattva muß ebenfalls Ethik, Konzentration und Weisheit erzeugen, aber nicht nur das – er versucht in erster Linie Liebe und Erbarmen zu stärken und übt das Tauschen seiner selbst mit anderen Wesen. Eine solche Einstellung des Geistes ist die besondere Schulung eines Bodhisattva. Wenn Liebe und Mitgefühl einhergehen mit Weisheit, spricht man von der Verbindung von Methode und Weisheit. Methode bedeutet Erbarmen und Liebe – unter Weisheit ist die Weisheit zu verstehen, die die letztliche Wirklichkeit erkennt. Diese zwei Faktoren müssen zusammengeführt werden, um den Zustand der vollen Erleuchtung zu erlangen. Die große Person geht so vor.

Ob wir nun das kleinere oder das größere Ziel verfolgen, immer fängt der Weg bei der Entsagung an. Fehlt uns die Entsagung, gibt es keinen Fortschritt auf dem kleineren Weg und schon gar nicht auf dem größeren. Ist es uns bereits nicht möglich, den kleineren Weg zu gehen, ist der größere außer Reichweite. Alles fängt mit der Entsagung an. Das bedeutet, zuerst die edle Wahrheit des Leids und dann die edle Wahrheit des Ursprungs fehlerfrei zu erkennen. Daraus entsteht dieses ernsthafte Streben, von den Leiden und Verblendungen freizukommen. Dieses Streben nach Freiheit ist die Bedeutung von Entsagung. Sie ist die Grundlage für alle Wege.

Alle Wege beginnen bei dieser Entsagung, diesem ernsthaften Streben, Freiheit von Leid und seinen Ursachen zu erlangen. Stehen wir dem Leiden und seinen Ursachen gleichgültig gegenüber, können wir weder den kleineren noch den größeren Weg beschreiten. Auch das Große Erbarmen zu erreichen ist unmöglich. Das Große Erbarmen ist weder parteiisch noch zeitlich begrenzt, sondern gleich stark gegenüber allen Wesen. Es beruht auf der Erkenntnis allen Leids, nicht nur des oberflächlichen, sondern auch des tiefsten Leids der Wesen. Um dieses tiefste Leid aller Wesen zu erkennen, müssen wir zuerst die eigene Situation erkennen. Wenn wir die tiefste Bedeutung von Leid nicht anhand der eigenen Situation verstehen, ist es unmöglich, Großes Erbarmen gegenüber den anderen Wesen zu entwickeln. Ist beispielsweise ein Gefangener gleichgültig in bezug auf seine Situation, wird er sich nicht bemühen, von ihr freizukommen. Ebensowenig wird er sich für die Befreiung der anderen Gefangenen einsetzen. Hat er aber seine Situation im Kerker als unbefriedigend und leidvoll erkannt, wird er versuchen, Freiheit zu erlangen.

Dieser Häftling kann nun aber unterschiedlichen Typs sein. Er kann angesichts der Leiden in diesem Kerker danach streben, sich selbst so schnell wie möglich zu befreien –, oder er treibt nicht nur die eigene Freiheit voran, sondern überlegt, wie auch alle anderen fliehen können. Eine Person dieser Art ist eine größere Person, eine Person mit größerer Aufmerksamkeit, größerem Herzen und größerem Geist. Aber auch diese Person muß zuerst erkennen, daß es unbefriedigend ist, im Kerker zu leben. Wenn ihr die Situation gleichgültig wäre, würde sie weder für die eigene Freiheit noch die der anderen einen Finger krümmen.

So können wir von drei Arten von Gefangenen sprechen. Die einen sind ein bißchen einfältig und erkennen nicht, in welch schwieriger Situation sie stecken. Sie sind begeistert, wenn es manchmal ein besseres Essen oder eine kurze Pause gibt, und finden, dieser Ort sei der richtige. Es kümmert sie nicht, ob sie selbst oder die anderen dieser unfreien Situation entfliehen können. Dann gibt es Personen, die verstehen, daß der Kerker kein zufriedenstellender Aufenthaltsort ist, und sich um die eigene Befreiung kümmern. Schließlich gibt es noch Gefangene, die eine breitere Sichtweise haben und nach einem Weg suchen, um alle aus diesem Kerker zu befreien. Eine sehr weltliche Person, die sich nur für das kurzfristige Glück dieses Lebens interessiert und ganz davon angetan ist, erkennt nicht im geringsten die leidvolle Situation im zyklischen Dasein. Für eine solche Person ist es schwierig, nach Freiheit zu streben. Sieht diese Person eines Tages ein, daß bedingtes Dasein nicht befriedigend ist, kann sie nach eigener Freiheit streben oder, was noch besser ist, Erbarmen für alle Wesen im zyklischen Dasein entwickeln. Das ist der Inhalt der dritten edlen Wahrheit, der Wahrheit der Beseitigung.

Es gibt also zwei Arten der Beseitigung – die individuelle Befreiung und die volle Erleuchtung. Das individuelle Nirvana ist insofern eine Befreiung, als es sich um eine unumkehrbare Befreiung aus dem zyklischen Dasein handelt. Dennoch ist es keine letztliche Befreiung. Obwohl sich die Person, die individuelle Befreiung erlangt hat, vom zyklischen Dasein, von allen Leiden und den Verblendungen befreit hat, ist sie noch nicht frei von allen Fehlern. Diese Person weist immer noch einen subtilen Fehler auf.

Es gibt zwei Arten von Fehlern oder Hindernissen – im Buddhismus nennen wir sie *Klescha-Avarana* und *Dschnjana-Avarana*. Als Klescha-Avarana werden die Hindernisse der Verblendungen wie Unwissenheit, Begierde, Haß und so weiter bezeichnet. Sie sind verantwortlich für das zyklische Dasein. Eine Person, die individuelle Befreiung erreicht hat, hat diese Fehler beseitigt.

Das zweite Hindernis, das wir Dschjnana-Avarana nennen, ist das Hindernis zur Allwissenheit. Es ist ein subtileres Hindernis – es ist keine Verblendung wie Begierde, Haß und Unwissenheit, sondern es handelt sich dabei um subtile Eindrükke, die die Verblendungen hinterlassen haben. Dieser subtile Fehler hindert die Person daran, die allwissende Weisheit zu erlangen. Dschjnana-Avarana ist das Haupthindernis, um die Erleuchtung, den Zustand eines Buddha, zu erlangen. Angenommen wir haben ein Gefäß, das wir für ein mit viel Knoblauch gewürztes Essen benützt haben. Auch wenn wir dieses Gefäß auswaschen, bleibt der Geruch von Knoblauch noch eine gewisse Zeit vorhanden. Zwar ist nunmehr weder Knoblauch noch sonstiges Essen im Gefäß, aber dennoch kann der Geruch von Knoblauch nicht so einfach entfernt werden. Auf ähnliche Weise hat eine Person, die individuelle Befreiung erlangt hat, zwar die Verblendungen bereits beseitigt – sie hat aber immer noch einen Fehler, den nur vollkommen erleuchtete Wesen beseitigt haben. Es handelt sich dabei um ein subtiles Hindernis der Unwissenheit, das der Allwissenheit im Weg steht.

Eine solche Person hat sich schon großartige Eigenschaften angeeignet. Weil sie individuelle Befreiung erlangt hat, ist sie für eine gewöhnliche Person zu einem richtigen Zufluchtsort, einem ehrwürdigen Wesen geworden. Im Buddhismus wird so jemand als Arhat, als Feindvernichter bezeichnet. Das bedeutet, daß ein Arhat alle seine Verblendungen vernichtet hat. Er ist ein wirklicher Sieger geworden, denn er hat den wirklichen Feind, nämlich die Verblendungen zerstört. Vergleicht man diese Wesen jedoch mit den Bodhisattvas, die von der Natur des Großen Erbarmens sind, oder mit den Buddhas, dann ist der Unterschied an Fähigkeiten außerordentlich groß. Die Weisheit eines Arhats ist noch nicht vollständig. Ein Arhat besitzt zwar viel Erbarmen, aber sein Erbarmen ist nicht mit dem der Buddhas und Bodhisattvas vergleichbar.

Individuelle Befreiung und Erleuchtung haben zwei Aspekte: den Aspekt der Beseitigung und den Aspekt der Verwirklichung. Individuelle Befreiung ist erreicht, wenn das eigene geistige Kontinuum von allen Verblendungen befreit ist. Man hat dann den Zustand der Befreiung erlangt. Dieser Zustand hat zum einen den Aspekt der Beseitigung, das heißt, alle Verblendungen sind beseitigt worden.

Zum anderen hat dieser Zustand den Aspekt der Verwirklichung. Das heißt, der Geist selbst ist rein geworden. Alle Eigenschaften wie Weisheit, Liebe und so weiter sind wirkungsvoll in ihm entwickelt – und der Geist ist frei geworden, das heißt, er steht nicht mehr unter der Macht der Verblendungen und des unfreien Geborenwerdens. Dieser freie und bessere Zustand des Geistes ist eine Verwirklichung, die zugleich den beschriebenen Beseitigungsaspekt hat. Dieser Geisteszustand hat also einen Aspekt des Seins und einen Aspekt des Nichtseins.

In bezug auf die Buddhaschaft verhält es sich genauso. Ein Buddha ist frei von allen Hindernissen, nicht nur von den Hindernissen der Verblendungen. Alle Fehler sind beseitigt. Diese Beseitigung ist ein Aspekt von Buddha. Wir nennen diesen Aspekt *Svabhava-Kaya* oder *natürlichen Körper*. Genauer gesagt ist es kein Körper, sondern eine Benennung für diese Beseitigung. Der Geist eines Buddha hat keinerlei Unreinheit. Alle Hindernisse sind entfernt, die höchste Beseitigung ist erlangt. Zudem hat ein Buddha alle Qualitäten zur Vollkommenheit gebracht, somit auch Allwissenheit erlangt. Das ist der Verwirklichungsaspekt. Befreiung hat immer diese zwei Aspekte, den Aspekt der Beseitigung und den Aspekt der Verwirklichung.

Die edle Wahrheit des Weges

Wie bereits erwähnt, enthalten die vier edlen Wahrheiten die gesamten Unterweisungen des Buddha. Alle verschiedenen Ebenen und Aspekte der buddhistischen Unterweisungen beruhen auf diesen vier edlen Wahrheiten. Deshalb sind sie so wichtig. Buddha hat sie in einer bestimmten Reihenfolge erklärt, in der Reihenfolge der Anwendung. Ein Anwender des Dharma muß zuerst die eigene Situation fehlerfrei erkennen. Deshalb hat Buddha die edle Wahrheit des Leids als erstes erklärt. Wenn wir die eigene Situation, die eigenen Leiden und Probleme fehlerfrei erkannt haben, suchen wir nach dem Ursprung dieser Schwierigkeiten. Was der Ursprung ist, wird in der zweiten edlen Wahrheit beschrieben. Haben wir neben den Leiden nun auch den Ursprung der Leiden erkannt, tritt automatisch der Wunsch auf, von den Leiden und deren Ursachen frei zu sein. Dieser Zustand wird in der dritten Wahrheit erklärt. Wenn wir ernsthaft nach Befreiung streben, suchen wir automatisch den Weg dorthin. Wir müssen uns weiterentwickeln, indem wir dem richtigen Weg auf korrekte Weise folgen. Dadurch erreichen wir die Befreiung. Der Weg dorthin wird in der vierten edlen Wahrheit, der Wahrheit des Weges gezeigt. Die Wahrheit des Weges ist die wichtigste. Wenn eine Person fehlerfrei erkannt hat, was der Zustand der Befreiung ist, und wenn sie wünscht, diesen Zustand zu erreichen, muß sie richtige Methoden anwenden und dem richtigen Weg folgen.

Befreiung wird nicht erreicht, indem wir sie uns einfach wünschen und abwarten, was passiert. Vielmehr müssen wir versuchen, die Hindernisse für diesen Zustand zu beseitigen und die förderlichen Ursachen und Umstände zusammenzuführen. Nur auf diese Weise können wir dieses Ziel erreichen. Das gilt auch für alle anderen, wichtigeren und unwichtigeren Ziele in unserem Leben. Wir können sie nicht einfach durch untätiges Abwarten oder Herbeiwünschen erreichen, sondern nur durch richtige Bemühungen. Jegliche Hindernisse auf dem Weg sind zu beseitigen, alle notwendigen Umstände und Ursachen zu entwickeln. Auf diese Weise können wir alle Ziele erreichen. Auch bei den kleinen Zielen in unserem täglichen Leben verhält es sich so. Um ein überaus bedeutsames Ziel wie die volle Erleuchtung zu erreichen, ist es notwendig, einem fehlerfreien Weg zu folgen und die richtigen Methoden anzuwenden.

Das letztliche Ziel ist es, nicht nur die individuelle, sondern die volle Befreiung zu erlangen. In diesem Zustand der vollen Erleuchtung ist die Person von allem Leid und dessen Ursachen sowie den Verblendungen freigekommen und hat zudem alle positiven Eigenschaften wie Erbarmen, Weisheit und so weiter zur Vollendung gebracht. Dadurch hat sie einen Zustand erreicht, in dem nicht nur der eigene Zweck erfüllt ist, sondern in dem sie auch das Wohl aller anderen Lebewesen zu erfüllen vermag. Die Erleuchtung ist die höchste Befreiung und somit das höchste Ziel im Buddhismus.

Richtiges Verhalten

Obwohl diese beiden Ziele – das der individuellen Befreiung und das der Buddhaschaft, der vollen Erleuchtung, unterschiedlich sind, gibt es einige grundlegende Anwendungen, die unumgänglich für beide Wege sind. So gilt es zuerst die eigene Situation und deren Ursachen fehlerfrei zu erkennen. Wenn wir dann ein Streben nach Befreiung entwickeln, ist es notwendig, uns nicht nur Wissen anzueignen, sondern uns auch entsprechend zu verhalten. Es reicht nicht, nur zu erkennen, daß die Verblendungen und die verblendeten Handlungen von Körper, Rede und Geist die Ursache für die Leiden darstellen, sondern wir müssen auch unser Verhalten dementsprechend ausrichten. Das bedeutet, die unheilsamen Handlungen von Körper, Rede und Geist müssen wir zusehends vermeiden, angefangen von den gröbsten bis zu den feinsten.

Falsche Handlungen und auch falsche Gedanken zu vermeiden ist eine grundlegende Anwendung. Wenn wir keine Bemühungen in diese Richtung unternehmen, bringen Anstrengungen wie sich zu konzentrieren, zu meditieren oder zu rezitieren keine brauchbaren Resultate. Diese Anstrengungen sind nur auf der Grundlage richtigen Verhaltens sinnvoll. So ist die wichtigste Grundlage für jede Weiterentwicklung auf dem Weg das korrekte Verhalten.

Der Ursprung aller individuellen und kollektiven Leiden ist nichts anderes als das individuelle bzw. kollektive Fehlverhalten, das falschen Gedanken und falschen Absichten entspringt. Falsche Gedanken und falsche Handlungen sind die eigentliche Ursache für alle Leiden und Probleme. Deshalb ist korrektes Verhalten eine unentbehrliche Grundlage, unabhängig davon, welchen Anwendungen des Dharma wir folgen. Achtsamkeit gegenüber den eigenen Handlungen und Gedanken ist die gemeinsame Grundlage für alle Anwendungen oder Wege.

Zufluchtnahme

Wenn wir den eigenen Geist auf dem richtigen Weg schulen möchten, müssen wir uns einerseits bemühen, richtigem Verhalten zu folgen – das ist das wichtigste. Andererseits brauchen wir eine richtige Führung, denn wir sind derzeit noch von tief verwurzelter Unwissenheit und vielen falschen Einstellungen beherrscht. Ohne Hilfe und Führung können wir uns nicht in korrekter Weise weiterentwickeln. Aus diesem Grund brauchen wir einerseits richtige eigene Erkenntnisse, Entschlossenheit und Fleiß. Andererseits müssen wir auf richtige Weise Zuflucht nehmen. Dabei ist es wichtig, nicht bei irgendeinem, sondern bei einem fehlerfreien Objekt Zuflucht zu nehmen. Diese Zufluchtnahme ist ebenfalls eine gemeinsame Anwendung der Kleinen und der Großen Person.

Wenn wir Schwierigkeiten haben, ist es möglich, sie zu beseitigen, indem wir zum einen eigene Anstrengungen machen und zum anderen auf wirkliche Hilfe und wirksamen Schutz zurückgreifen. Der Helfer oder Beschützer muß dabei jemand sein, der tatsächlich Schutz und Hilfe bieten kann. Andernfalls erhalten wir entweder gar keine Hilfe oder eine Hilfe, die uns nicht weiterbringt. Die Hilfe, die wir erhalten, muß fehlerfrei sein.

Für die kleinen Probleme des Alltags können wir bei allen möglichen Objekten Schutz suchen. Kinder suchen Schutz bei ihrer Mutter; wenn es regnet, suchen wir Schutz bei einem Regenschirm; wenn es kalt ist, suchen wir Schutz bei einer Heizung. Das alles ist eine Form von Schutz vor gewissen Schwierigkeiten. Bei diesen Objekten Schutz zu suchen ist nicht verkehrt. Allerdings bieten sie keinen umfassenden, sondern nur einen eingeschränkten und zeitlich begrenzten Schutz. Noch wesentlich machtvoller ist zum Beispiel der Schutz eines Landes. Viele von uns Tibetern etwa sind Flüchtlinge. Wir haben Zuflucht in Indien, in der Schweiz und so weiter gesucht und gefunden. Auch das ist ein sehr notwendiger Schutz. Wenn wir solchen Schutz suchen, prüfen wir zuerst, ob diese Person oder dieses Land in der Lage ist, den ersehnten Schutz zu gewähren. Ist das der Fall, können wir darum bitten und ihn bekommen. Dadurch sind wir vor einer spezifischen Gefahr geschützt.

Dennoch ist der Schutz, den wir auf der gewöhnlichen Ebene erhalten, begrenzt und oberflächlich. Um von allen Leiden freizukommen, müssen wir uns um letztlichen Schutz bemühen. Diese Art von Schutz ist kein Schutz vor kleineren Problemen. Unser Wunsch ist es, uns vor allem von den Ursachen des Leids und den Verblendungen zu befreien. Dafür müssen wir Schutz und Hilfe beim richtigen, nicht bei einem beliebigen Objekt suchen. Was schützt uns wirklich vor den Leiden und Verblendungen? Das ist Dharma, auf tibetisch *Tschö*. In den westlichen Sprachen ist es schwierig, ein Wort zu finden, das exakt der Bedeutung des Sanskritwortes Dharma entspricht. Dharma wird manchmal als Unterweisung, manchmal als Gesetz, manchmal als Weg und manchmal als Religion übersetzt.

Man unterscheidet auch in Dharma der Unterweisungen und Dharma der Erkenntnisse. Die tiefste Bedeutung von Dharma ist das Dharma der Erkenntnisse. Die richtigen Erkenntnisse im eigenen Geist sind der beste Beschützer und der wichtigste Zufluchtsort. Erst durch die Erkenntnisse, die wir im eigenen Geist hervorgebracht haben, können wir die Unwissenheit überwinden – und wenn wir die Unwissenheit überwunden haben, enden auch alle anderen Verblendungen wie Begierde, Haß, Ärger, Eifersucht, Anhaftung. Kurz, mit Hilfe der richtigen Erkenntnisse beseitigen wir alle Fehler des Geistes und alle falschen Einstellungen. Auf diese Weise überwinden wir auch alle Folgen dieser Verblendungen, vor allem den Zyklus des Leids. Das alles hängt davon ab, ob wir im eigenen Geist die richtigen Erkenntnisse, die richtige Weisheit hervorbringen. Diese Erkenntnisse sind das eigentliche Dharma, und Dharma ist die eigentliche Zuflucht.

Erkenntnisse erlangen wir nicht ohne Ursachen. Sie kommen auf der Grundlage des Dharma der Unterweisungen zustande. Zuerst müssen wir Unterweisungen hören, lernen und verstehen, um im eigenen Geist die notwendigen Erkenntnisse erzeugen zu können. Unterweisungen sind deshalb auch

Dharma. Dieses Dharma bezeichnen wir als Dharma der Unterweisungen. Indem wir das Dharma der Unterweisungen hören, verstehen und anwenden, erlangen wir im eigenen Geist das Dharma der Erkenntnisse. Diese Erkenntnisse sind das Gegenmittel gegen alle Verblendungen und Leiden, weshalb das Dharma der Erkenntnisse der eigentliche Schutz ist. Es ist wie die Medizin gegen eine Krankheit. Die Wahrheit des Leids ist wie die Krankheit selbst, und die Wahrheit des Ursprungs ist wie die Ursache der Krankheit. Die Wahrheit der Befreiung ist wie die Heilung, und die Wahrheit des Weges ist wie die Behandlung. Das ist die bereits erwähnte Analogie. Um von einer Krankheit geheilt zu werden, brauchen wir einen Arzt, Medizin und Pflegepersonal. Das wichtigste ist das direkte Gegenmittel gegen die Krankheit, nämlich die Medizin, die wir einnehmen müssen. Sie kämpft gegen die Ursache der Krankheit an und überwindet sie.

Die Medizin ist etwas, das im eigenen Körper wirken muß. Ebenso wirken die Erkenntnisse in unserem eigenen Geist den Verblendungen entgegen – sie sind das direkte Gegenmittel gegen diese Verblendungen. Wie kommen wir zu diesem Gegenmittel? Indem wir Unterweisungen folgen, die den richtigen Weg zeigen. Aus diesem Grund werden auch die Unterweisungen als Dharma bezeichnet. Das wichtigere Dharma jedoch sind die Erkenntnisse.

Solange wir die Erkenntnisse nicht im eigenen Geist entwickeln, helfen uns die Unterweisungen allein auch nicht viel weiter. Wenn wir die Unterweisungen anwenden, können wir dadurch zu Erkenntnissen gelangen. Dann befindet sich das Gegenmittel gegen die Verblendungen in uns selbst. Ohne Unterweisungen gäbe es allerdings keine Erkenntnisse, weshalb auch die Unterweisungen zum Zufluchtsobjekt *Dharma* gehören. Unterweisungen und Erkenntnisse, diese beiden zusammen sind Dharma. Sie sind wie die Medizin und somit die wichtigste Zuflucht.

Auch die Unterweisungen stammen von jemandem. Sie entstehen nicht einfach so, ohne Ursachen. Die Unterweisungen kommen von den erleuchteten Wesen. Da wir Erkenntnisse erlangen, indem wir Unterweisungen folgen, sollten diese Unterweisungen von einer erleuchteten und nicht von irgendeiner Person stammen. Sie sollte frei von allen Fehlern sein und die positiven Eigenschaften voll entwickelt haben. Sie sollte alle notwendigen Erfahrungen, fehlerfreien Erkenntnisse und heilsamen Qualitäten besitzen. Unterweisungen von einer solchen erleuchteten Person sind gültig. Sie zeigen den gültigen Weg. Daraus ergibt sich auch die Art, wie man Zuflucht nimmt: Zuerst nimmt man Zuflucht zum Dharma, dem eigentlichen Zufluchtsobjekt. Dieses Dharma kommt von den erleuchteten Wesen, und deswegen nehmen wir auch zu den Buddhas Zuflucht. Sie sind wie ein Arzt. Das eigentliche Gegenmittel gegen die Krankheit ist die Medizin, aber die Medizin ist nicht von irgend jemandem, sondern von einem qualifizierten Arzt verschrieben worden, der die erforderliche Ausbildung absolviert hat, die notwendigen Erkenntnisse erlangt hat und das nötige Mitgefühl besitzt. Er muß auch geschickt sein und Erfahrung haben. Ein solcher qualifizierter Arzt ist der Ursprung für die richtige Behandlung. Die kranke Person muß Vertrauen in die Medizin entwickeln und in den qualifizierten Arzt, der sie verabreicht.

Analog dazu sind die eigenen Erkenntnisse der wirkliche Schutz vor den Leiden und das eigentliche Gegenmittel gegen die Verblendungen. Erkenntnisse des Dharma kommen auf der Grundlage von Unterweisungen des Dharma zustande, die wiederum von erleuchteten Wesen stammen. Diese besitzen die erforderliche Weisheit, das erforderliche Erbarmen und die erforderlichen Fähigkeiten. Deshalb sucht man Zuflucht bei den Buddhas.

Wenn eine Person nicht nur ein bißchen Kopfweh hat, sondern schwer krank ist und stationär im Spital untergebracht werden muß, braucht sie nicht nur einen qualifizierten Arzt und eine richtige medizinische Behandlung, sondern auch noch eine Gruppe von vielen anderen Personen. Dieses Team reicht vom Oberarzt über die Krankenschwestern bis zur Putzfrau. Alle diese Personen sind sehr, sehr wichtig für die Heilung. Ähnlich verhält es sich mit einer Person, die von allen Verblendungen und Leiden freikommen möchte. Zum einen braucht sie die richtige Behandlung, nämlich das Dharma der Erkenntnisse und ein vollständig erleuchtetes Wesen, das dem behandelnden Arzt entspricht. Zum anderen braucht sie eine Sangha, was, wenn man das Wort übersetzt, höchste Gemeinschaft bedeutet.

Die Sangha ist neben Buddha und Dharma das dritte Zufluchtsobjekt. Diese höchste Gemeinschaft beinhaltet nicht nur die voll erleuchteten Wesen. Es gehören auch Wesen dazu, die noch auf dem Weg sind, wie die Bodhisattvas. Begleiter und Beschützer sind also nicht nur die Personen, die schon das Ziel erreicht haben, sondern auch solche, die noch mitten auf dem Weg oder erst am Anfang des Wegs sind. Auch alle diese Wesen sind bereits ein Vorbild und ein Zufluchtsobjekt. Im Buddhismus werden Buddha, Dharma und Sangha als die Drei Juwelen bezeichnet. Zu ihnen nehmen wir Zuflucht. Die Drei Juwelen sind drei Kostbarkeiten. Auf sanskrit heißen sie Triratna. Das erste Juwel sind die kostbaren erleuchteten Wesen, die Buddhas. Das zweite Juwel ist das kostbare Dharma, das den eigentlichen Weg darstellt. Und das dritte Juwel ist die Sangha, die kostbare Gemeinschaft. Die Sangha besteht auf verschiedenen Ebenen, von den voll erleuchteten Buddhas bis hin zu Personen, die sich auf der ersten Stufe des Weges befinden. Sie gehören alle zur Sangha und sind unsere Begleitung und unser Vorbild. Sie sind unsere geistigen Freunde, die uns helfen, auf dem Weg voranzukommen. Alle drei sind für eine Person, die Befreiung wünscht, ebenso notwendig, wie ein Arzt, die Medizin und das Pflegepersonal für einen Kranken erforderlich sind.

Die beiden Grundlagen der Anwendung

Eine Person, die von den Verblendungen und Leiden freizukommen versucht, braucht die erwähnten drei Objekte der Zuflucht. Einerseits muß sie auf das eigene Verhalten und die eigenen Gedanken achten und sich bemühen, die fehlerhaften Handlungen zu vermeiden, die fehlerhaften Geisteszustände zu mindern, langsam zu überwinden und positive Handlungen durchzuführen, die heilsamen Eigenschaften des Geistes wie Liebe, Erbarmen, Geduld, Genügsamkeit und Zufriedenheit zu stärken. Das sind die eigenen Anstrengungen, die sie unternehmen muß. Andererseits muß sie Zuflucht suchen. Sie entwickelt Vertrauen auf die Drei Juwelen, die den Weg zeigen und Schutz bieten. Beide Faktoren sind unabdingbar, sowohl die eigenen Bemühungen als auch das Vertrauen auf die Drei Juwelen.

Manche meinen, im Buddhismus müsse man nicht beten, sondern nur bestimmte Handlungen ausführen. Das ist nicht der Fall. Auch im Buddhismus ist es notwendig zu beten. Beten ist nichts anderes als die Suche nach Hilfe und Schutz bei den Drei Juwelen. Man bittet sie um ihren Segen, damit die eigenen Bemühungen erfolgreich sein werden. Hilfe, Schutz und Segen der Drei Juwelen zu suchen ist ein sehr wichtiger Teil der buddhistischen Anwendung. Beten allein ist aber nicht genug – auch entsprechende eigene Bemühungen sind unumgänglich. Das ist nicht nur im Buddhismus, sondern in allen Religionen so. Es gibt keine Religion, die sagt, man brauche sich nicht anzustrengen, man solle machen, was man will, dann sei man von allem befreit. So hat kein großer religiöser Meister gesprochen.

Natürlich gehen vom Objekt der Zuflucht Segen, Hilfe und Führung aus. Der Anwender einer Religion hat dann aber auch eine Verantwortung für sich selbst und alle anderen Wesen zu übernehmen. Eigene Anstrengungen unternehmen und Schutz bei den Drei Juwelen suchen, diese beiden Faktoren muß man zusammenführen. Sonst werden unsere religiösen Bemühungen einseitig. Im Buddhismus wird besonders stark diese eigene Verantwortung betont. Wir haben die volle Verantwortung für uns selbst, für unsere eigene gegenwärtige und zukünftige Situation. Und wir haben Verantwortung gegenüber allen anderen Wesen. Sich richtig zu verhalten und richtigen Anwendungen zu folgen ist deshalb sehr wichtig. Gleichzeitig gilt es, Schutz und Hilfe bei den Drei Juwelen zu suchen. Wenn wir diese zwei, die eigenen Bemühungen und den Segen der Drei Juwelen, miteinander verbinden, werden wir erfolgreich auf dem Weg vorankommen.

Wie wichtig diese Kombination ist, hat Buddha in den Sutras deutlich gemacht mit den Worten:

Ich habe euch den Weg der Befreiung gezeigt,
aber ihr müßt wissen, daß
die Befreiung von euch selbst abhängt.

Buddha hat den Weg der Befreiung gezeigt, aber ob wir diese Befreiung erlangen, hängt von uns selbst ab. In den Sutras steht auch folgendes: Die Buddhas können die negativen Potentiale der Wesen nicht mit heiligem Wasser abwaschen. Sie können das Leid der Wesen nicht mit der Hand entfernen, so wie man einen Dorn aus dem Fleisch zieht. Ebenso können sie ihre Erkenntnisse den Wesen nicht wie ein Geschenk überreichen. Indem sie aber Dharma lehren, befreien sie alle Wesen von Leid. So heißt es in den Sutras.

Für uns ist es wichtig, diesen Weg, den uns die erleuchteten Wesen in ihren Unterweisungen gezeigt haben, zu verstehen und zu befolgen. Das befreit uns von den Leiden und führt uns zum Ziel. Wenn die

Buddhas alle negativen Potentiale lediglich mit heiligem Wasser wegzuwaschen bräuchten, könnten sich alle Wesen einer solchen Waschung unterziehen, und niemand müßte leiden. Wenn das so einfach ginge, wäre es schon längst getan. Das ist aber nicht möglich. Ebensowenig können eigene Erkenntnisse wie ein Geschenk weitergegeben werden. Wäre das möglich, hätten wir alle schon die notwendigen Erkenntnisse erlangt, denn die Buddhas sind voller Erbarmen und hätten uns dieses Geschenk längst überreicht. Wir hätten bereits die ersehnten Erkenntnisse, ohne daß wir selbst etwas dafür tun hätten müssen. Alle notwendigen Erkenntnisse und Eigenschaften wie vollkommenes Erbarmen und vollkommene Weisheit wären uns bereits in den Schoß gefallen.

Buddha hat dargelegt, daß das nicht möglich ist. Buddhas können ihre Erkenntnisse nicht wie ein Geschenk überreichen, aber sie können die Wesen befreien, indem sie ihnen den richtigen Weg und die richtigen Methoden zeigen. In bestimmten Sondersituationen führen erleuchtete Wesen übernatürliche Handlungen aus und lösen dann für manche Personen spezielle Probleme auf der Stelle. Im Leben Buddha Schakyamunis gibt es unzählige Begebenheiten, in denen er durch seine besonderen Kräfte und seinen Segen verschiedene Wesen von gewissen gegenwärtigen Problemen befreit hat. Das ist möglich. Allgemein gesprochen können wir aber nicht auf dem geistigen Weg vorankommen, wenn wir nur auf übernatürliche Taten der Buddhas warten. Statt dessen kommt unsere geistige Entwicklung zustande, indem wir einerseits Führung, Unterstützung und Segen der Buddhas erhalten und andererseits eigenen richtigen Bemühungen folgen. Dann ist echter Fortschritt möglich.

Richtiges Verhalten und ernsthafte Zufluchtnahme sind eine gemeinsame Grundlage für alle Anwendungen des Buddhismus, ganz gleich, ob es sich um Anwendungen des Mahayana (des Großen Fahrzeugs) oder des Hinayana (des Kleinen Fahrzeugs) handelt. Die grundlegenden Anwendungen aller buddhistischen Richtungen beruhen auf diesen beiden Faktoren. Wenn man sich fragt, worin die tägliche Anwendung eines Buddhisten besteht, dann haben wir die Antwort bereits gegeben: Es ist das richtige Verhalten. Sich richtig zu verhalten bedeutet, für einen selbst und andere schädliche Handlungen zu vermeiden und für einen selbst und andere nützliche Handlungen mit Körper, Rede und Geist durchzuführen. Das ist eine unentbehrliche Anwendung. Zudem ist es für die Weiterentwicklung des eigenen Geistes wichtig, aus tiefstem Herzen zu den Drei Juwelen Zuflucht zu nehmen. Auf der Grundlage dieser beiden Anwendungen erst können wir einen der beiden Wege wählen: den zur individuellen Befreiung oder den zur vollen Erleuchtung. Wir folgen dann jeweils den Anwendungen des Weges, für den wir uns entschieden haben. Diese Anwendungen können verschieden sein.

Definition des Weges

Was bedeutet nun Wahrheit des Weges? Mit *Weg* ist in diesem Zusammenhang kein äußerer Weg gemeint. Es gibt keine Treppe oder ähnliches, worauf wir zum Paradies hinaufsteigen könnten. Unter *Weg* ist hier ein innerer Weg zu verstehen. Im Buddhismus wird ein Weg definiert als *Erkenntnis, die auf Entsagung beruht.* Das ist die Bedeutung eines wirklichen Weges. Im Sanskrit wird Weg als *Marga* bezeichnet. Marga bedeutet den Weg, der auf Erkenntnis und Entsagung beruht.

Indem wir richtigen Anwendungen und Bemühungen folgen, wird die eigene Erkenntnis immer tiefer. Auf diese Weise können wir von verschiedenen Stufen des Weges sprechen. Wiederum sind es nicht materielle, sondern geistige Stufen, die zu immer höheren Erkenntnissen führen. Im Buddhismus ist manchmal von fünf, manchmal von zehn Stufen die Rede. Der Weg zur Erleuchtung ist somit ein stufenweiser Weg. Von unserer grundlegenden Situation ausgehend, müssen wir diesen Weg langsam und stufenweise im eigenen Geist entwickeln. Es gibt keine plötzliche Erleuchtung. Erleuchtung ist das Ergebnis stufenweiser Entwicklung. Wir müssen uns langsam und schrittweise weiterentwickeln. Das ist der Weg.

Entsagung

Ob ein Weg nun zur individuellen Befreiung oder vollen Erleuchtung führt, immer beruht er auf Entsagung. Entsagung ist einer der wichtigsten Punkte. Entsagung ist nichts anderes als ein ernsthaftes, aus tiefstem Herzen kommendes Streben nach Befreiung von bedingtem Dasein. Sobald wir erkannt haben, wie leidvoll das Leben im bedingten Dasein ist und wie die Verblendungen alle diese Leiden nach sich ziehen, streben wir ernsthaft danach, aus einer solchen Situation und von solchen Fehlern des Geistes freizukommen. Das ist Entsagung. Entsagung bedeutet nicht, auf alles zu verzichten, alles wegzugeben und irgendwohin zu fliehen. Manchmal wird das fälschlicherweise so verstanden. In Wirklichkeit ist Entsagung eine Einstellung.

Es ist auch nicht so, daß eine Person, die im Kloster, im Wald oder in einer Höhle lebt, automatisch Entsagung entwickelt hat, und dies bei einer Person, die in der Stadt mit einer Familie lebt, nicht der Fall ist. Entsagung läßt sich nicht anhand solcher Äußerlichkeiten bestimmen. Weder Aufenthaltsort noch Kleidung entscheiden, ob eine Person Entsagung in sich erzeugt hat oder nicht. Ausschlaggebend ist ihre Einstellung.

Wenn eine Person dieses leidvolle bedingte Dasein als sehr unbefriedigend empfindet, wenn sie sich nicht mehr mit diesen oberflächlichen Kleinigkeiten, diesem zeitlich begrenzten Glück innerhalb des zyklischen Daseins zufrieden geben will, wenn sie dieses kurzfristige Glück gar nicht mehr besonders attraktiv und wertvoll findet, sondern ganz im Gegenteil dieses zyklische Dasein als leidvoll und unbefriedigend erkennt und aus ganzem Herzen nach der Befreiung von solchem bedingten Dasein strebt, dann ist das Entsagung. Eine Person, die wirklich Entsagung entwickelt, steht dieser gegenwärtigen, oberflächlichen Situation recht gleichgültig gegenüber. Geht es ihr gut, ist sie nicht ganz aus dem Häuschen – und trifft sie auf Schwierigkeiten, fällt sie nicht sofort in Verzweiflung. Sie entwickelt eine Art Gleichmut gegenüber der gegenwärtigen Situation. Vom gegenwärtigen Glück und Leid wird sie nicht derart aufgewühlt, daß sie auf der Stelle das innere Gleichgewicht verliert, sondern sie bleibt innerlich fest, weil sie im eigenen Geist diese tiefe Einstellung der Entsagung besitzt.

Eine solche Person hat die Erkenntnis erlangt, daß dieses zyklische Dasein zwar verschiedene oberflächliche Erscheinungen haben kann, aber letztlich von leidvoller Natur ist. Das empfindet sie als unbefriedigend und sucht nach dauerhaftem Glück und Frieden, nach vollkommener Befreiung von den Leiden und deren Ursachen.

Wenn eine Person auf solche Weise Entsagung entwickelt, ist sie ein sogenannter *Wegfolger* – jemand, der einem Weg folgt. Sie ist eine wirklich religiöse Person geworden, auch wenn sie mit einer Familie in der Stadt leben mag und einer Arbeit nachzugehen hat. Das genaue Gegenteil kann auf eine Person zutreffen, die Mönchskleidung trägt und im Kloster oder allein in einer Höhle lange Meditationssitzungen macht, im eigenen Geist aber keine Entsagung entwickelt hat. Eine solche Person kann von den Alltagsproblemen aufgewühlt sein oder sehr am Glück dieses Lebens hängen. Da für sie dieses gegenwärtige, oberflächliche Glück das wichtigste ist, hängt sie daran und sucht ohne Genügsamkeit danach. Wenn sie dieses Glück erfährt, ist sie aufgeregt. Wenn sie statt dessen Unbehagen erlebt, ist sie betrübt. Sie entwickelt Ärger und verschiedene andere negative Geisteszustände.

Die Einstellungen dieser Person sind sehr ungleich. Ihr höchstes Ziel ist es, das zeitlich begrenzte Glück sicherzustellen und den gegenwärtigen, oberflächlichen Problemen auszuweichen. Wenn das die höchsten Ziele einer Person sind, dann mag sie äußerlich wie eine spirituelle Person aussehen – innerlich aber ist sie durch und durch weltlich. Um es noch einmal zu betonen: Ob jemand eine weltliche oder religiöse Person ist, definiert sich nicht über ihren Aufenthaltsort oder ihre Kleidung, sondern über ihre Einstellung. Kümmert sich eine Person immer nur um diese zeitlich begrenzten Erfahrungen von Glück und Leid, dann ist sie eine weltliche Person, wo auch immer sie leben mag, was auch immer sie sein mag. Sie ist weltlich, weil sie keinerlei Entsagung entwickelt hat. Um eine wirklich spirituelle Person zu werden, eine Person, die den eigentlichen Weg gehen will, müssen wir im eigenen Geist echte Entsagung entwickeln.

Entsagung bedeutet nicht, auf andere Wesen oder auf die Welt an sich zu verzichten. Wenn ein Anwender von Dharma Entsagung entwickelt, bedeutet das, daß er darauf verzichtet, an diesem eigenen oberflächlichen Glück zu hängen. Ebenso verzichtet er auf diese intensive Abneigung gegenüber den eigenen gegenwärtigen Problemen. Keineswegs aber verzichtet er auf die Lebewesen und die Aufgabe, die er zu ihrem Wohl erfüllen will. Ganz im Gegenteil, diese Aufgabe ist das, was er besonders in Angriff nehmen will.

Entsagung ist unumgänglich. Erst wenn wir sie fehlerfrei entwickelt haben, beginnt der eigentliche Weg, ob es sich dabei um den größeren oder kleineren handelt. Wenn wir noch keine Entsagung entwickelt haben, können wir zwar den Buddhismus bereits auf nützliche Weise anwenden, indem wir korrektem Verhalten folgen – die eigene Anwendung entspricht aber noch nicht der Anwendung auf einem reinen, fehlerfreien Weg, sondern kann nach wie vor eine weltliche Anwendung von Dharma sein. Bei vielen Anwendungen auf unserer Ebene ist das der Fall. Unsere Bemühungen mögen uns als richtig erscheinen, und doch sind sie noch nicht ganz rein. Von einer reinen Anwendung können wir erst auf dem eigentlichen Weg sprechen, und der beginnt immer mit Entsagung. Wenn wir Entsagung entwikkelt haben und dann alle unsere Anwendungen auf Entsagung beruhen, werden sie alle zu einer direkten Ursache für die Befreiung. Dann sind sie keine Ursachen für zyklisches Dasein mehr. Entsagung ist somit eine sehr wichtige Grundlage.

Zwei Wege

Von der Entsagung gehen zwei Wege aus: der Weg zu individueller Befreiung und der Weg der Bodhisattvas. Eine Person, die den ersten Weg geht, ist vor allem um ihre eigene Situation besorgt und hat es eilig, sich selbst vom zyklischen Dasein und den Verblendungen zu befreien. Eine solche Person wendet den kleineren Weg an. Ihr Ziel ist etwas kleiner, denn es ist auf sie selbst beschränkt. Diese Person entspricht einem Gefangenen, der die Situation im Kerker als sehr unbefriedigend sieht und versucht, selbst sobald wie möglich zu fliehen. Diese Einstellung ist richtig. Sie ist keineswegs falsch, aber verglichen mit der Einstellung auf dem größeren Weg ist sie unvollständig. Auch die Person auf dem größeren Weg muß zunächst Entsagung entwickelt haben. Sie erkennt dann aber, daß nicht nur sie selbst, sondern auch alle anderen Wesen in diesem leidvollen Dasein gefangen sind. Diese Person ist wesentlich mehr von der Situation der anderen berührt als von der eigenen. Auch sie muß zuerst ihre eigene unbefriedigende Lage verstehen und Entsagung hervorbringen. Sie richtet ihr Augenmerk dann aber darauf, daß alle anderen Wesen genauso von Leiden und Verblendungen geplagt sind, und entwickelt dadurch eine ganz besondere Art von Entsagung, eine Entsagung, die sich nicht nur auf die eigene Situation, sondern die Situation aller Wesen bezieht. Das ist wesentlich mutiger, verglichen mit der Einstellung auf dem kleineren Weg. Aus diesem Grund gilt der Weg der Bodhisattvas als größerer Weg.

Beide Wege sind richtig. Der Weg der Bodhisattvas ist aber der umfassendere. Wir können zuerst den kleineren Weg gehen, dort das Ziel der Befreiung erlangen und dann in den Bodhisattva-Weg eintreten, oder wir können von Anfang an den Bodhisattva-

Weg gehen. Beides ist möglich. Wie man vorgeht, hängt von der Einstellung der jeweiligen Person ab. Wenn jemand sofort mit dem Weg der Bodhisattvas beginnt, ist das das größere und auch schwierigere Unterfangen, denn man nimmt die volle Verantwortung für alle Wesen auf sich. Manchen Anwendern ist eine solche Verantwortung zu groß. Sie möchten zunächst eine etwas kleinere Verantwortung übernehmen, das heißt, zuerst sich selbst befreien und dem kleineren Weg folgen.

Die Personen, die sich auf dem kleineren Weg befinden, sind keineswegs egoistisch oder gleichgültig gegenüber der Situation der anderen. Ganz im Gegenteil, solche Wesen entwickeln immer viel Erbarmen und Liebe gegenüber anderen. Auch sie wünschen, daß die anderen Wohlergehen erfahren mögen und tun ihr möglichstes dafür. Die volle Verantwortung für die Befreiung aller Lebewesen zu tragen empfinden sie aber als Bürde, die die eigenen Kräfte und Fähigkeiten übersteigt. Sie suchen lieber zuerst die eigene Befreiung von den Verblendungen und Leiden. Personen auf einem solchen Weg sind, verglichen mit einer ganz gewöhnlichen, weltlichen Person, alles andere als egoistisch – verglichen mit Personen auf dem Bodhisattva-Weg sind sie aber immer noch ein wenig egoistisch.

Dieser Egoismus ist nicht wie unser gewöhnlicher Egoismus, der dazu führt, daß wir stark am eigenen gegenwärtigen Glück und Gewinn hängen. Diesen stark verblendeten Egoismus gibt es im Geist einer solchen Person nicht mehr. Dennoch, wenn eine Person zuerst nach eigener Befreiung sucht, handelt es sich immer noch um einen feinen, wenn auch nicht unheilsamen Egoismus.

Egoismus hat verschiedene Aspekte, heilsame und unheilsame. Unheilsamer Egoismus ist stark mit Haß, Begierde, Eifersucht und so weiter verbunden. Diese Art von Egoismus ist der negative, schädliche Egoismus. Es gibt aber noch eine weitere Form von Egoismus, die sehr tief in uns verwurzelt ist. Selbst wenn wir den negativen Egoismus beseitigt haben, können wir diesen tiefgreifenden Egoismus noch lange Zeit in uns tragen. Eine Person, die die eigene Befreiung von Verblendungen sucht, folgt schon einem sehr guten Gedanken. Verglichen mit einer Person auf dem Bodhisattva-Weg hat sie trotzdem noch eine heilsame Art von Egoismus. Ein Bodhisattva versucht auch diese Form von Egoismus zu überwinden. Er entwickelt zuerst ebenso Entsagung. Das ist die gemeinsame Basis. Darauf aufbauend folgt er dann den vielen Anwendungen der Bodhisattvas. Alle diese Anwendungen sind in den drei Gebieten Entsagung, Bodhitschitta und letztliche Weisheit enthalten.

Auch auf dem Weg zur individuellen Befreiung ist Entsagung notwendig. Was jedoch fehlt, ist

Bodhitschitta, der Erleuchtungsgeist. Weisheit wiederum ist auf beiden Wegen unentbehrlich, denn ohne Weisheit können wir uns nicht von den Verblendungen befreien. Die wichtigen Anwendungen auf dem kleineren Weg sind Entsagung, Ethik, Konzentration und Weisheit. Auf dem Großen Weg bildet Entsagung ebenfalls die notwendige Basis. Auch Ethik ist Teil der Anwendungen, aber im weiteren sind Erleuchtungsgeist und letztliche Weisheit das wichtigste. Das sind die drei Hauptanwendungen der Bodhisattvas: Entsagung, Bodhitschitta und die letztliche Weisheit.

Großes Erbarmen und reine Liebe

Neben Entsagung entwickelt der Bodhisattva auch das Große Erbarmen. Er sieht, daß nicht nur er selbst, sondern auch alle anderen Wesen um ihn herum in einer schwierigen Situation stecken. Er erzeugt dann ein tiefes und unparteiisches Erbarmen und grenzenlose Liebe. Der Sanskritname lautet *Mahakaruna,* was Großes Erbarmen, Großes Mitgefühl bedeutet. Erbarmen wird im allgemeinen definiert als der ernsthafte Wunsch, daß Wesen von ihren Leiden frei sein mögen. Die allgemeine Definition von Liebe lautet: der uneigennützige Wunsch, daß Wesen Glück erfahren.

Liebe möchte für die Wesen Glück – Erbarmen möchte für die Wesen Freiheit von Leid. Beide Einstellungen sind auf die anderen Wesen ausgerichtet. Wir haben Liebe und Erbarmen bereits in uns. Wir alle besitzen dieses Potential und sind manchmal in der Lage, solches Erbarmen und solche Liebe zum Ausdruck zu bringen. Auf unserer Ebene sind diese geistigen Eigenschaften aber noch nicht fehlerfrei und eher selten. Sie sind sehr begrenzt, parteiisch und abhängig von vielen verschiedenen Umständen. Wir entwickeln Erbarmen und Liebe gegenüber einem Wesen oder einer Gruppe von Wesen. Das ist bereits sehr wertvoll – das Wertvollste, was es gibt. Auch wenn wir diese Einstellungen nur gegenüber *einem* Wesen und nur für kurze Zeit hervorbringen, sind sie sehr kostbar. Aber sie sind eben sehr begrenzt. Manche haben intensives Erbarmen und Liebe gegenüber den Menschen, aber nicht gegenüber den Tieren. Und bei manchen ist es genau umgekehrt: Sie haben Erbarmen nur gegenüber den Tieren, aber nicht gegenüber den Menschen. Manche haben Erbarmen gegenüber alten Menschen, aber nicht gegenüber jungen und umgekehrt. Manche haben Erbarmen nur gegenüber einem bestimmten Volk oder einer bestimmten Rasse. Manche haben Liebe und Mitgefühl gegenüber einer bestimmten Art von Tier, aber nicht gegenüber den anderen Tieren. Selbst die Größe kann einen Unterschied machen. So haben wir oft Mitgefühl für kleine Mäuse, hingegen große Abneigung gegenüber Ratten. Unser Mitgefühl ist sehr begrenzt. Wir haben oft starkes Mitgefühl mit einer Person, die sehr arm und verzweifelt ist. Das ist sehr wertvoll. Wenn sich diese Person aber eines Tages nicht mehr in dieser Lage befindet und es ihr gut geht – vielleicht sogar besser als uns selbst –, verschwindet dieses Mitgefühl. Es ist möglich, daß dann sogar Eifersucht oder andere Gedanken aufkommen.

Unsere Art von Erbarmen ist also nicht besonders tiefgreifend. Es ist sehr abhängig von verschiedenen Umständen, die zusammenkommen müssen: Die eigene Situation muß etwas besser sein als die des anderen – oft muß sich das andere Wesen sogar in einer sehr armseligen Lage befinden. Vieles andere, wie das Aussehen des anderen, spielt eine entscheidende Rolle. Wenn dann alles zusammenpaßt, entsteht für einige Zeit Erbarmen. Das ist bereits ein wertvolles Potential. Es ist aber weder stabil noch vollkommen.

Das Große Erbarmen der Buddhas und Bodhisattvas dagegen taucht nicht nur punktuell auf, sondern ist das Resultat einer langsamen, stufenweisen Schulung des Geistes. Es ist die gleiche Art von Erbarmen, wie wir es in uns haben. Bei uns ist es zwar noch winzig, aber ohne Samen könnten keine Pflanzen und Bäume wachsen. Dieser Same des Erbarmens ist bereits in uns allen vorhanden, besonders in uns Menschen. Alle Wesen besitzen diesen Samen, aber wir Menschen haben besonders gute Möglichkeiten, dieses Potential weiterzuentwickeln. Die menschliche Existenz bietet die besten Voraussetzungen dafür, weil im menschlichen Dasein diese Potentiale sehr kräftig sind. In Menschen kann Erbarmen unter gewissen Umständen sehr stark auftreten. Deshalb wird im Buddhismus immer wieder gesagt, die menschliche Existenz sei die kostbarste im zyklischen Dasein. Als Menschen haben wir nicht einfach nur zwei Beine, sondern die beste Gelegenheit, dieses positive Potential des Geistes zu verstärken und unbegrenzt weiterzuentwickeln. Aus diesem Grund wird das menschliche Leben als *kostbare menschliche Existenz* bezeichnet. Die menschliche Existenz zeichnet sich durch das große Potential an Intelligenz, Erbarmen und Liebe aus. Diese Potentiale des Menschen sind, so wird im Buddhismus gesagt, noch wesentlich kostbarer als die Existenz in einem göttlichen Bereich. Allerdings sind diese Potentiale im Moment noch nicht besonders stark und umfassend ausgeprägt, sondern sehr begrenzt und flüchtig. Durch die richtigen Bemühungen in Meditation können diese Potentiale gesteigert werden.

Meditieren bedeutet nicht, einfach dazusitzen, sondern alle diese Fähigkeiten wie Erbarmen und Liebe auszubauen. Natürlich gibt es konzentrative Meditation, in der wir in einer besonderen Haltung sitzen. Die genaue Bedeutung von Meditieren – auf sanskrit *Bhavana*, auf tibetisch *Gom* –, bedeutet *sich vertrautmachen* oder *sich gewöhnen*. Wir müssen uns daran gewöhnen, voll Erbarmen, Liebe und Geduld zu sein. Begierde, Haß, Ärger und Eifersucht dagegen müssen wir uns abgewöhnen. Die gesamten Anwendungen des Dharma sind nichts anderes als ein Vorgang, in dem wir uns die eigenen Verblendungen abgewöhnen und uns mit den positiven Potentialen des Geistes vertrautmachen.

Es gibt noch andere Bedeutungen des Wortes *Bhavana*. Im besonderen ist jedoch das richtige Meditieren gemeint, dieser Gewöhnungsvorgang und Entwöhnungsvorgang. Wenn wir uns die richtigen Dinge abgewöhnen und angewöhnen, ist es für jeden von uns möglich, Erbarmen und Liebe zu verstärken und zu vertiefen.

Liebe ist ein Wort, das wir leicht falsch verstehen können. Im Dharma stellt Liebe eine reine, sehr positive Einstellung des Geistes dar, die uneigennützig auf das Wohl der Wesen ausgerichtet ist. Wer liebt, wünscht anderen aus tiefstem Herzen Glück. Nicht nur zum Geburtstag. Das ist zwar auch ein Ausdruck von Liebe, wenn es sich um einen ehrlich gemeinten

Glückwunsch handelt. Liebe aber wünscht aus tiefstem Herzen umfassendes Glück für die anderen.

Wir sollten Liebe nicht mit Begierde verwechseln. Oberflächlich betrachtet sind Liebe und Begierde ähnlich. Beide haben in gewisser Weise den Aspekt des Mögens. Wenn wir jemandem gegenüber starke Begierde empfinden, haben wir zwangsläufig eine gewisse Zuneigung zu dieser Person. Ebenso muß auch reine Liebe immer mit Zuneigung einhergehen. Auf dieser oberflächlichen Ebene sind beide Einstellungen ähnlich. In Wirklichkeit jedoch sind sie gänzlich entgegengesetzt. Begierde zielt, obwohl sie auf das Wohl der anderen ausgerichtet zu sein scheint, auf das eigene Wohl. Ihr eigentliches Ziel sind nicht die anderen Wesen, auch wenn es auf den ersten Blick so aussehen mag. Begierde ist keine ehrliche Einstellung. Sie ist verschlagen, denn im Falle von Begierde trachten wir danach, die anderen auszunützen, um uns selbst Glück zu sichern. Der letztliche Zweck unserer Handlungen ist das eigene Glück.

Reine Liebe dagegen ist ganz auf die anderen ausgerichtet. Sie ist ein Wunsch, der aus tiefstem Herzen kommt und Wohlergehen für die anderen möchte. Sie birgt keinerlei egoistische Hoffnung. Wenn wir uns das nicht näher vor Augen führen, können wir diese beiden Einstellungen miteinander verwechseln. Es gibt jedoch eine Methode, um die beiden voneinander zu unterscheiden. So ist begehrende Liebe in

Wirklichkeit eine egoistische Einstellung. Solange das Objekt der Begierde, das andere Wesen, ganz den eigenen Erwartungen entspricht, sind wir voller Zuneigung. Wenn sich das eines Tages ändert und der andere den eigenen Erwartungen und Hoffnungen nicht mehr entspricht, wenn er uns gar als unangenehm und negativ erscheint, dann verschwindet diese sogenannte Liebe, und wir zeigen unser wahres Gesicht. Wir entwickeln Abneigung, Eifersucht und weitere negative Gedanken, und diese große Liebe ist verschwunden, weil sie nicht aufrichtig war. Sie war nur wie eine Maske. Sie war nicht echt und hatte deshalb keinen Bestand. Richtige, uneigennützige Liebe ist ganz auf das Wohl der anderen ausgerichtet, was immer sie uns sagen oder wie auch immer sie sich uns gegenüber verhalten. Ob die anderen unsere Erwartungen erfüllen oder nicht, ob sie uns Annehmlichkeiten erweisen oder nicht – echte Liebe schwindet nicht. Sie kann in schwierigen Situationen sogar stärker und tiefer werden. Das ist die richtige Liebe.

Diese Unterscheidung ist wichtig. Auf unserer Ebene ist diese reine Liebe noch sehr begrenzt. Sie ist vielleicht auf *ein* Wesen oder *eine* Gruppe von Wesen gerichtet. Durch richtige Schulung ist es möglich, unbegrenzte Liebe und umfassendes Erbarmen gegenüber allen Lebewesen zu entwickeln. Das ist das Erbarmen, das Mitgefühl der Bodhisattvas.

Woran liegt es, daß auf unserer Ebene Erbarmen und Liebe nicht grenzenlos, sondern begrenzt und parteiisch sind? Das liegt an unserer egoistischen Einstellung, die die Lebewesen so unterschiedlich einstuft. Aufgrund dieser Einstellung teilen wir die Lebewesen in drei Gruppen ein: in unsere Freunde, das heißt, erwünschte, angenehme Personen – in unsere Feinde, das heißt, Personen, die wir nicht ausstehen können – und in Personen, die uns gleichgültig sind. Diese sind die breite Masse. Die Wesen in diese drei Gruppen einzuteilen ist eine falsche Einstellung, die auf Egoismus, auf Selbstschätzen beruht.

Aufgrund von Egoismus erachten wir das eigene Ich als sehr wertvoll. Wir finden, dieses Ich müsse immer glücklich sein und dürfe niemals leiden. Wir hängen stark an diesem eigenen Ich. Die Wesen, von denen wir meinen, sie seien zu diesem Ich freundlich und zuvorkommend, sehen wir als positive Wesen an. Die Wesen, die diesem Ich nicht entsprechen oder ihm gefährlich zu sein scheinen, die ihm schaden oder es kritisieren, betrachten wir als unangenehme Zeitgenossen. Und den Wesen, von denen wir glauben, sie hätten nichts mit uns zu tun, begegnen wir mit Gleichgültigkeit.

Das ist eine grundlegend falsche Auffassung. Gegenüber der ersten Gruppe von Personen haben wir

Anhaftung, gegenüber der zweiten Abneigung, gegenüber der dritten Unwissenheit. Auf diese Weise kommen die drei Hauptgifte Anhaftung, Haß und Unwissenheit ins Spiel. Sie alle sind falsche Einstellungen. Bodhisattvas haben diese Einstellungen dadurch beseitigt, daß sie erkannt haben, wie wertvoll *alle* Lebewesen sind. Eine der wichtigsten Schulungen der Bodhisattvas ist das Wertschätzen der anderen. Erst dadurch kann sich eine unparteiische Einstellung von Liebe und Erbarmen entwickeln.

Der Bodhisattva sieht, daß diese parteiische Einstellung von Egoismus und starker Unwissenheit herrührt. Wir dagegen betrachten die Dinge nur über einen begrenzten Zeitraum hinweg. Ob wir helfen, schaden oder gleichgültig sein wollen, beurteilen wir nur anhand der Situation in diesem Leben. Diejenigen, bei denen wir den Eindruck haben, sie hätten uns ins diesem Leben geholfen, betrachten wir als Freunde. Diejenigen, die uns Probleme zu machen scheinen, stufen wir als Feinde ein – und diejenigen, zu denen wir scheinbar keine Beziehung haben, sind uns gleichgültig.

Bodhisattvas dagegen entwickeln eine wesentlich weitere Sichtweise. Sie sehen nicht nur, wie die Situation im gegenwärtigen Leben ist, sondern auch, wie sie in allen vergangen Existenzen war und wie sie in Zukunft sein wird. Wenn wir in die Vergangenheit und in die Zukunft blicken könnten, würden wir erkennen, daß wir zu allen Wesen die gleiche Beziehung haben. Wir haben nicht nur zu den wenigen um uns, sondern zu allen Wesen sehr enge Verbindungen. Diese Wesen, die uns jetzt helfen, haben uns früher auch schon Schaden zugefügt – und die Wesen, die uns jetzt Schaden zufügen, haben uns in früherem Dasein oft geholfen. Auch die Personen, mit denen wir jetzt nichts zu tun haben, waren für uns früher sehr hilfreich und werden es auch in vielen künftigen Situationen sein. In Wirklichkeit gibt es keinen letztlichen Unterschied zwischen den Wesen.

Nun mögen wir vielleicht denken, Nutzen und Schaden, die wir von den anderen erfahren, halten sich die Waage. Das ist keineswegs der Fall. Situationen, in denen uns andere Schaden zufügen, treten nur von Zeit zu Zeit auf. Zudem erscheint es uns oft so, als füge uns ein Wesen Schaden zu – oft aber haben auch wir selbst einen erheblichen Anteil an dieser Situation. Das andere Wesen ist ein beitragender Umstand, wenn wir Leid und Schaden erfahren. Die eigentliche Ursache dafür liegt jedoch in uns selbst. Umstände *und* Ursachen erzeugen gemeinsam Leid, nicht nur die Umstände allein. Es verhält sich genau so wie mit der Zuckerkrankheit. Die Neigung zur Krankheit ist in uns selbst. Zucker kommt als Umstand hinzu, der das Leid auslöst. Würde alles vom Zucker allein herrühren, müßten alle Menschen, die Zucker zu sich nehmen, die Symptome von Zuckerkrankheit bekommen. Wenn ein Diabetiker Zucker ißt, ist das ein Umstand für Leid, das von einem eigenen Problem, einem inneren Ungleichgewicht herrührt. Der eingenommene Zucker wird dann zu einem Umstand. Genauso sind unsere sogenannten Feinde zu Umständen für eine unangenehme Situation geworden, die aber primär aufgrund eigener geistiger Ursachen zustande kommt.

Die Güte der mütterlichen Wesen

Schaden, den uns andere zufügen, müssen wir nicht ständig, sondern nur manchmal erleiden. Hilfe und Unterstützung dagegen erfahren wir ununterbrochen. Es gibt keine Zeit, in der wir nicht von anderen profitieren. Wir haben stets Hilfe von anderen erfahren, und das wird auch in Zukunft so sein. Falls jemand nichts mit früheren Existenzen anzufangen vermag, kann er auch nur dieses Leben allein betrachten. Auch in diesem Leben bekommen wir pausenlos Unterstützung. Vom Anfang bis zum Ende dieser Existenz können wir nur dank der Hilfe anderer überleben. Niemand ist selbständig. Wenn wir etwas größer geworden sind und ein bißchen etwas gelernt haben, denken wir, wir seien selbständig. Wir sagen uns: «Ich stehe jetzt auf eigenen Beinen. Ich schaffe alles allein, aus eigener Kraft.» Das ist aber auch nur möglich geworden, weil sich andere um uns gekümmert haben – die eigenen Eltern, Lehrer und viele mehr. Wir haben unschätzbare Hilfe von einer Vielzahl von Wesen erfahren, von den eigenen Eltern angefangen bis hin zu zahllosen anderen, die wir nicht einmal kennen. Sie haben einen wertvollen Beitrag dafür geleistet, daß wir unser Leben leben können.

Wir existieren nur dank anderer. Unsere Nahrung, Behausung, Kleidung, unsere Arbeit und unser Wissen stehen uns nur zur Verfügung, weil es andere Wesen gibt. So erfahren wir ständig Hilfe von anderen und nur manchmal, unter bestimmten Umständen Schaden – und dieser Schaden geht teilweise von uns selbst aus. Hilfe und Schaden halten sich also nicht im geringsten die Waage. Der Nutzen, den wir durch die Lebewesen erfahren, übertrifft den Schaden bei weitem. Und zu den Wesen, die scheinbar nichts mit uns zu tun haben, hatten wir in früheren Existenzen sehr enge Beziehungen.

Deshalb wird im Buddhismus von den *mütterlichen Lebewesen* gesprochen. Die Mutter wird als bestes Beispiel für die Liebe unter den Wesen herangezogen, denn die Liebe der Mutter für ihr Kind ist die stärkste Form der Liebe gewöhnlicher, weltlicher Wesen. Sie ist im allgemeinen sehr intensiv und selbstlos. Buddha hat dieses Beispiel verwendet, um zu zeigen, daß wir sehr wertvolle Hilfe von *allen* Wesen erfahren – so wertvoll, wie die Hilfe einer liebevollen Mutter für ihr Kind.

Wenn ein Kind von einer liebevollen Mutter selbstlos großgezogen wurde und dieses Kind selbständig und kräftig geworden ist, sich dann aber in einer schwierigen Situation nicht um die Mutter kümmert, wird dieses Verhalten gemeinhin als sehr negativ betrachtet. Dasselbe Verhalten ist es, wenn wir alle anderen Wesen, dank deren Hilfe wir überhaupt überleben können, außer acht lassen und nur an das eigene Glück und die eigene Befreiung denken. Ein solches Verhalten ist unkorrekt und negativ.

Der Bodhisattva sieht, daß es am wichtigsten ist, die Güte, die er von allen anderen Lebewesen erfahren hat, zu vergelten. Er erkennt, daß es notwendig ist, den anderen ebenfalls zu helfen. Bodhisattvas empfinden das nicht als hehren Beitrag, den sie da leisten. Ganz im Gegenteil, sie sehen es als Selbstverständlichkeit an, den anderen zu helfen. Wir alle sind geradezu verpflichtet, den Nutzen und die Güte, die wir bis jetzt von den anderen erfahren haben, zu vergelten. Wenn wir das tun, ist das nichts Großartiges, sondern eine Selbstverständlichkeit.

Die Bodhisattvas sehen es als ihre natürliche Verpflichtung an, den anderen dabei zu helfen, sich von den Leiden und deren Ursachen zu befreien und zu einem Zustand dauerhaften Glücks zu gelangen. Das ist die Hauptanwendung der Bodhisattvas, weil sie die Güte der Wesen voll und ganz verstanden haben. Auf diese Weise entwickeln sie unparteiisches Erbarmen und unparteiische Liebe gegenüber allen anderen Wesen.

Manchmal kann es vorkommen, daß uns jemand Schaden zufügt oder uns beleidigt, ohne daß wir etwas Falsches getan haben. Auch das ist möglich. Ein Bodhisattva erkennt, daß man an einer solchen Situation auch nicht ganz unbeteiligt ist, sondern diese Situation ein Resultat der eigenen früheren Handlungen ist. In den Augen eines Bodhisattva ist eine solche Situation nichts Negatives, sondern eine günstige Gelegenheit, denn durch Schaden und Kritik, die wir erfahren, können wir Geduld, Erbarmen und Liebe in uns weiterentwickeln. Das wäre nicht möglich, wenn alle Lebewesen immer nett und freundlich zu uns wären. Dann gäbe es keine Gelegenheiten, Geduld, Erbarmen und so weiter zu stärken. Deswegen heißt es im Bodhisattva-Gebet der Schulung des Geistes: «Wenn ich einem solch negativen Wesen begegne, möge ich es als meinen höchsten geistigen Meister betrachten.»

In Wirklichkeit sind Wesen, die uns ungerechtfertigt Schaden zufügen, die wirksamsten Meister. Die Meister im herkömmlichen Sinn geben uns Unterricht und sind sehr kostbar. Sie können uns Erklärungen darüber geben, wie wichtig es ist, Geduld zu üben, Erbarmen zu entwickeln und so weiter. Dann gibt es aber noch andere, prüfende Meister. Sie sind keine Meister, die Unterricht geben und lieb zu uns sind, sondern die Wesen, die uns den Alltag schwermachen und uns zu provozieren versuchen. Solche Wesen sind die prüfenden Meister. Mit ihrer Hilfe können wir erkennen, wie weit wir wirklich sind. Wenn jemand über sich selbst denkt, er sei ein guter Anwender des Buddhismus, des Christentums oder was immer, kann es sich dabei oft nur um einen frommen Wunsch handeln. Wie viel und wie gut wir die eigene Religion wirklich anwenden, zeigen uns vor allem die Wesen, denen wir im täglichen Leben begegnen. So sind diese prüfenden Meister sehr wertvoll.

In den Texten buddhistischer Geistesschulung wird immer wieder betont, man solle solche Wesen als Meister betrachten und sie auch als Erscheinung des eigenen Meisters sehen, als eine Erscheinung der Buddhas, die uns prüfen möchte. Das ist eine korrekte Einstellung. Ist uns das zu schwierig, dann können wir uns auch in einer anderen Einstellung üben. Wenn uns jemand das Leben schwermacht, können wir uns vor Augen halten, daß diese Person hilflos ist. Wir können denken: «Diese Person macht das nicht freiwillig, denn sie steht unter der Macht ihres Egoismus, ihrer Eifersucht und ihres Ärgers. Sie ist wie eine Person, die nicht mehr ganz bei Verstand ist. So ist es besser, mit Mitgefühl zu reagieren als negativ zu reagieren.» Wenn eine geisteskranke Person mit uns schimpft, wird das niemand ernst nehmen. Ein tibetisches Sprichwort lautet: «Nicht die verrückte Person ist verrückt, sondern die, die zurückschimpft.» Eine Person, die an einer Geisteskrankheit leidet, kann jemanden beschimpfen oder schlagen, ohne daß diese «normale» Person zurückschlagen würde. Sie versteht, daß die geisteskranke Person das nicht freiwillig macht, sondern auf Grund ihrer geistigen Erkrankung.

Genauso verhält es sich mit den Leuten, die uns das Leben schwermachen. Sie handeln wie aus einer Krankheit heraus. Aufgrund von Egoismus und Eifersucht kritisieren sie uns und machen uns Probleme. Wir sollten mit Mitgefühl antworten. Wenn wir uns dennoch ärgern müssen, können wir den Ärger auf die Verblendungen des anderen schieben. Schantideva fragte: «Wenn uns jemand mit einem Stock schlägt, sind wir dann über den Stock oder die Person verärgert?» Wir würden antworten, wir seien natürlich über die Person verärgert, denn der Stock habe gar keine Wahl – er habe uns am Kopf getroffen, weil ihn die Person so geführt hat. Wie der Stock hat auch die Person keine Wahl – sie ist getrieben von ihren Verblendungen. Wollen wir unbedingt ein Objekt für Ärger finden, können wir die Verblendungen der Person dafür hernehmen, nicht aber die Person selbst. So hat es Schantideva betrachtet.

Es ist allerdings nicht notwendig, immer ein Objekt für Ärger zu finden. Wenn sich beide Streitparteien ärgern, sind sie in der gleichen Lage. Sie haben beide einen Fehler gemacht. Für Bodhisattvas zählen solche Kleinigkeiten, wie etwa provoziert zu werden, überhaupt nicht. Was für sie zählt, ist die Güte der anderen. Solange wir uns im zyklischen Dasein befinden, überleben wir nur dank der anderen. Auch die Erleuchtung, die Befreiung und alle höheren Eigenschaften und Erkenntnisse zu erlangen ist nur möglich dank der anderen Wesen. Ohne sie gibt es keine Erleuchtung. Keine einzige positive Eigenschaft kann ohne sie entwickelt werden. Wir können ohne die Hilfe der anderen weder Glück erfahren noch uns von irgendwelchen Leiden befreien. Für Bodhisattvas sind deshalb die Wesen das Wertvollste.

Der Bodhisattva

Aufgrund des Erkennens des außerordentlichen Werts aller Wesen entwickeln Bodhisattvas den tiefen Wunsch, alle Wesen von Leid zu befreien und zum dauerhaften Glück der Erleuchtung zu führen. Ein Bodhisattva bittet keine andere Person darum, diese Ziele zu erfüllen, sondern sieht es als eigene Verantwortung, das zu erreichen, und verspricht: «Ich werde alle Lebewesen von Leid und den Verblendungen befreien und sie zum Zustand dauerhaften Glücks führen.» Das ist das Versprechen des Bodhisattva.

Ein Bodhisattva hat diesen starken Wunsch, erkennt aber auch, daß es ihm noch nicht möglich ist, diesen Wunsch zu verwirklichen. Er sieht, daß seine Fähigkeiten, sein Erbarmen und seine Weisheit begrenzt sind, daß noch viele Fehler vorhanden sind, daß die Lebewesen unzählig viele sind und daß er eine sehr große Verantwortung übernommen hat. Diese Gedanken führen den Bodhisattva zum festen Entschluß, den Zustand der vollen Erleuchtung zu erreichen, um sein Versprechen und seinen innersten Wunsch auch erfüllen zu können. Eine solche Entschlossenheit wird *Bodhitschitta* oder *Erleuchtungsgeist* genannt. Der Erleuchtungsgeist ist eine sehr reine und kraftvolle Einstellung, die fest auf den Zustand der Erleuchtung ausgerichtet ist, um das Wohl aller Lebewesen zu erfüllen. Das ist die Definition des Erleuchtungsgeistes, des Bodhitschitta.

Wenn der Bodhisattva sieht, daß ihm die notwendigen Fähigkeiten fehlen, erkennt er, daß er diesen Zustand der vollen Erleuchtung erlangen muß, diese vollständige Freiheit von allen Fehlern und Hindernissen, diesen vollkommenen Zustand von Erbarmen, Weisheit und allen weiteren Qualitäten. Er denkt: «Das muß ich unbedingt erreichen – nicht für mich selbst, um der Beste und Größte zu sein, sondern weil es das unentbehrliche Werkzeug dafür ist, diese große Aufgabe erfüllen zu können.» Sein eigentliches Ziel ist somit nicht die Erleuchtung, sondern das Wohl aller Lebewesen. Um es verwirklichen zu können, muß er die Erleuchtung erlangen. Das Wohl der Lebewesen ist das eigentliche, die Erleuchtung das indirekte Ziel. Wenn es unser eigentliches Ziel ist, Wasser zu trinken, brauchen wir dafür ein Glas, aus dem wir trinken können. Ebenso sucht der Bodhisattva den Zustand der vollen Erleuchtung, um sein eigentliches Ziel erreichen zu können, das heißt, die Lebewesen von Leiden und Verblendungen zu befreien und zu dauerhaftem Glück zu führen.

Der Bodhisattva möchte den Zustand der vollen Erleuchtung erlangen, um das Wohl der Lebewesen zu verwirklichen. Dieser Wunsch kann manchmal auch in uns auftreten, aber in uns kann er wieder verschwinden. Bodhisattvas haben aufgrund ihrer Geistesschulung Bodhitschitta fest im eigenen Geist verankert. Bodhitschitta ist Teil ihres Charakters geworden. Ein Bodhisattva ist jemand, der den Erleuchtungsgeist im eigenen Kontinuum vollständig entwickelt hat. Zuerst erzeugt er das *wünschende*, dann das *eintretende Bodhitschitta*. Eintretendes Bodhitschitta bedeutet, man wünscht nicht nur, die volle Erleuchtung zu erreichen, sondern tut alles dafür, um sie zu erreichen. Man beschließt, alle Schwierigkeiten, so hartnäckig sie auch sein mögen, zu überdauern und alle Aufgaben, so schwierig sie auch sein mögen, zu erfüllen, um diesen Zustand zu erreichen. Das ist eintretendes Bodhitschitta. Es ist wie ein Gelübde, diesen Zustand der vollen Erleuchtung zum Wohl aller Lebewesen zu erreichen und mit Entschlossenheit allen dafür notwendigen Aufgaben nachzukommen.

Auf diese Weise wird Bodhitschitta vollständig entwickelt. Im weiteren Verlauf gilt es auf dem Weg der Bodhisattvas verschiedene Anwendungen zu vervollkommnen, wie Geben, Ethik, Geduld, Enthusiasmus, Konzentration und Weisheit. Es gibt unzählige Anwendungen, aber alle können diesen sechs sogenannten Paramitas zugeordnet werden. *Paramita* bedeutet *Vollkommenheit.* Ein Bodhisattva übt sich in der Vollkommenheit des Gebens. Geben umfaßt dabei das Geben von Materiellem, von Schutz und von Erklärungen des Dharma. Zudem schult er sich in den Vollkommenheiten der Ethik, der Geduld, des Enthusiasmus, der Konzentration und schließlich der Weisheit. Alle Anwendungen der Bodhisattvas sind in zwei Aspekten enthalten, im Aspekt der *Methode* und im Aspekt der *Weisheit.* Die ersten fünf Vollkommenheiten gehören zur Methode, die sechste ist die Weisheit. Methode und Weisheit sind wie unsere beiden Hände oder wie die beiden Flügel eines Vogels. Wir brauchen beide Hände, die Vögel brauchen beide Flügel. Ebenso brauchen wir einerseits die Weisheit, die die letztliche Wirklichkeit fehlerfrei erkennt, und andererseits Geben, Ethik, Geduld, Enthusiasmus, Konzentration und auch Erbarmen, Liebe. Nur wenn wir uns in beidem, in Methode und Weisheit schulen, ist es möglich, den Zustand der vollen Erleuchtung zu erlangen.

Fragen

Welche Bedeutung hatten die Frauen in der Vergangenheit, und welche haben sie in der Zukunft?

Alle Menschen, ob Mann oder Frau, sind gleich wichtig. Kein Mensch ist wichtiger oder weniger wichtig als ein anderer. Der Unterschied zwischen Mann und Frau ist sehr oberflächlich. Einen letztlichen Unterschied gibt es nicht. So sind beide gleich wertvoll. Zum Beispiel gäbe es ohne Frauen keine Kinder, ohne Männer aber auch nicht. Außerdem erscheinen viele Buddhas in weiblicher Form, wobei es im Zustand der vollen Erleuchtung keinen geschlechtsspezifischen Unterschied mehr gibt.

Besteht ein Unterschied zwischen Mitgefühl und reiner Liebe?

Im Buddhismus heißen die beiden Begriffe *Karuna* und *Maitri*. Karuna ist Erbarmen oder Mitgefühl. Erbarmen zu haben bedeutet nichts anderes, als den aufrichtigen Wunsch zu haben, daß jemand frei von Leid sein möge. Dieser aufrichtige Wunsch ist die Bedeutung von Karuna. Maitri bedeutet reine Liebe oder

Zuneigung. Maitri ist lediglich ein anderer Aspekt von Karuna, und zwar der aufrichtige Wunsch, daß Wesen Glück erfahren mögen. Erbarmen ist also der Wunsch, daß Wesen frei von Leid sein mögen, und Liebe ist der Wunsch, daß sie Glück erfahren mögen. Erbarmen und Liebe sind zwei Aspekte des gleichen Geistes, nicht zwei vollkommen verschiedene Wünsche.

Eine Frage zum Thema Kriminalität, Rassismus, ethnische Säuberungen: Das Gesetz von Ursache und Wirkung bedeutet, daß die Opfer dieser Dinge für das eigene Schicksal teilweise auch selbst verantwortlich sind. Kann das bei den Betroffenen nicht oft zu Irritationen führen?

Es ist offensichtlich, daß Karma, das Gesetz von Ursache und Wirkung, den Menschen zu wenig bekannt ist. Man sollte das eigentlich schon in der Schule lernen. Alle kollektiven und individuellen Leiden sind letztlich das Resultat von früherem Karma, das Resultat der eigenen negativen Handlungen. Das negative Karma, das wir und die anderen ansammeln, bringt alle Leiden hervor. Wir Tibeter zum Beispiel sind in eine sehr schwierige Situation geraten. Unser Land wurde von den Chinesen angegriffen und besetzt – darunter haben viele Tibeter gelitten. Was ist die Ursache all dessen? Alle Tibeter der Gegenwart haben irgendwann in der Vergangenheit gemeinsam sogenanntes kollektives, negatives Karma erzeugt. Das ist nicht unbedingt in diesem Leben geschehen, sondern in einer früheren Existenz. Es gibt individuelles und kollektives Karma. Das kollektive Karma haben viele Menschen oder Wesen gemeinsam, gleichzeitig angesammelt. So haben wir Tibeter sicher irgendwann gemeinsam Ursachen für die momentane Situation gesetzt.

Und was sind die Umstände für dieses Leid? Das negative Karma und die Verblendungen wie Unwissenheit, Egoismus und Haß auf seiten der verantwortlichen Chinesen – nicht aller, aber der verantwortlichen Chinesen. Da alle diese Faktoren zusammenkommen, einerseits die negativen Handlungen, die die Tibeter gemeinsam begangen haben, und andererseits die Verblendungen und Fehler im Geist vieler Chinesen, führen diese solche negativen, leidbringenden Handlungen aus. Diese verschiedenen Ursachen und Umstände sind alle zusammengekommen.

Bei allen Wesen kommen leidvolle Situationen auf diese Weise zustande. Niemand ist ganz «unschuldig» an den eigenen Erfahrungen.

Bietet der Buddhismus auch eine Antwort auf die Frage, wie der Kosmos entstanden ist?

In den buddhistischen Schriften des Tantra und Abhidharma finden sich viele Erklärungen über die

Entstehung des Kosmos, die recht genau den wissenschaftlichen Erklärungen entsprechen. Die Weltsysteme, die Universen werden im Buddhismus als etwas Unendliches betrachtet. Es gibt unzählbar viele Welten, auch belebte. Die Lebewesen bewohnen nicht nur diese kleine Erde, sondern es gibt unzählige belebte und unbelebte Weltsysteme. Diese Weltsysteme kommen und gehen. Ein Weltsystem entsteht, und gleichzeitig vergeht ein anderes. Wenn ein Weltsystem entsteht, zerfällt ein anderes. Diese Veränderung findet pausenlos statt. Ein Universum, beispielsweise das, in dem wir leben, entsteht dadurch, daß alle entsprechenden Faktoren zusammenkommen, einige Zeit verweilen und dann wieder auseinanderfallen. Wir sprechen davon, daß ein Universum in zwanzig Zeitaltern entsteht, zwanzig Zeitalter lang andauert und in zwanzig Zeitaltern vergeht – und wir sprechen von zwanzig Zeitaltern zwischen zwei Universen. Diese zwanzig Zwischenzeitalter sind eine Zeit, in der ein gesamtes Universum in seine kleinsten Partikel auseinandergefallen ist. Diese Zeit wird Zwischenzeit genannt. Dann kommen diese verschiedenen kleinsten Partikel wieder zusammen. Es entsteht ein neues Weltsystem. Wenn ein Weltsystem kommt, geht das andere und so weiter. Zuerst entsteht eine Welt, und dann entstehen auch langsam die Wesen. Dann verändert sich die Welt und zerfällt langsam wieder. Die Wesen beleben dann eine nächste Welt, denn das Ende einer Welt ist nicht das Ende der Wesen. Wiedergeburt ist also keine nationale, internationale oder interkontinentale Bewegung, sondern eine interuniversale Bewegung. Ein Wesen kann gegenwärtig hier, in diesem Weltsystem leben. Vielleicht ist es das erste und letzte Mal hier, vielleicht lebt es in seinen weiteren Existenzen ganz woanders, in einem ganz anderen Universum. Es kann aber auch hier, in dieser Welt mehrmals Existenz finden.

Wir haben eine beschränkte Sichtweise und denken manchmal, die Menschen dieser Erde müßten immer wieder auf diese Erde kommen. Es gibt keine solche Regel, denn die Migration der Wesen ist interuniversal. Auch die Art und Weise, in der wir existieren, ändert sich laufend. Wir existieren nicht immer als Menschen, sondern in verschiedenen Daseinsformen.

Der Buddhismus nimmt also keinen einmaligen Schöpfungsakt an?

Das stimmt. Im Buddhismus kennen wir weder einen absoluten Schöpfungsakt noch einen absoluten Anfang der Existenz. Wir können vom Anfang einer Welt, eines Wesens, eines Weltsystems sprechen, aber nicht vom Anfang der Existenz in dem Sinne, daß es zuerst gar nichts gegeben hätte und dann plötzlich etwas zu existieren begonnen habe.

So ein Zeitpunkt, so ein absoluter Anfang wird im Buddhismus ebensowenig vertreten wie ein absolutes Ende. Wir sprechen deshalb von der anfanglosen Zeit. Es gibt keinen absoluten Anfang – es ist nicht so, daß vorher nichts existiert hätte, und dann plötzlich jemand etwas erschaffen hätte. Das gibt es im Buddhismus nicht. Im Hinduismus dagegen werden solche Schöpfer akzeptiert wie Brahma, Vischnu, Ischvara und so weiter. Ein Schöpfer selbst ist aber wieder anfanglos, von niemandem geschaffen. Auch daraus ist ersichtlich, daß Existenz keinen absoluten Anfang hat. Vielleicht ist es für uns bequemer, irgendwo einen Anfang zu setzen. Vielleicht paßt das besser in unsere Gedankenwelt. Wenn von Anfangslosigkeit die Rede ist, empfinden wir das vielleicht als unbequem. Es sprengt unsere Vorstellungskraft.

Bei uns in Europa besteht die gebräuchliche Auffassung, daß der Buddhismus vor allem auf Wissen und nicht auf Glauben basiert. Darum wird gesagt, der Buddhismus sei primär eine Philosophie und keine Religion. Ist das nicht ein grundsätzlicher Unterschied?

Seine Heiligkeit der Dalai Lama hat einmal folgendes gesagt: Manche behaupten, der Buddhismus sei keine Religion, weil er keinen Schöpfergott kennt. Auf diese Weise schließen manche den Buddhismus von der Zugehörigkeit zu den Religionen aus. Die

Philosophen hingegen sagen, der Buddhismus sei keine Philosophie, sondern eine Religion, denn es gebe dort Gebete, Rituale und Gottheiten. Deswegen wird der Buddhismus auch von der Zugehörigkeit zur Philosophie ausgeschlossen. Auf diese Weise wird der Buddhismus von beidem ausgeschlossen. Das sei, so meinte Seine Heiligkeit weiter, vielleicht gar nicht so schlecht. Wenn er von beidem ausgeschlossen ist, dann stelle er wahrscheinlich so etwas wie eine Brücke zwischen beidem dar. Vielleicht ist es genau das, was der Buddhismus ist, eine Brücke zwischen Philosophie und Religion.

In Wirklichkeit müssen Philosophie und Religion immer miteinander einhergehen. Eine Religion ohne Philosophie ist nicht möglich, und eine Philosophie ohne Religion ist auch nutzlos – sie hat keinen Wert, sie ist nur Theorie. Deswegen denke ich, der Buddhismus hat von beidem etwas und ist damit vielleicht ein gutes Bindeglied.

Glossar

skt. = sanskrit
tib. = tibetisch

Acht Freiheiten und zehn Begabungen
(skt. kshana sampada, tib. dhälwa gyä dhang dschorwa tschu)

Unter den *acht Freiheiten* versteht man acht ungünstige Umstände, von denen man frei ist: 1. Nicht in einem abgelegenen Land zu leben; 2. nicht als Barbar geboren zu sein; 3. nicht in einem Land, wo es kein Dharma *(s. Dharma)* gibt, zu leben; 4. frei von falschen Anschauungen zu sein; 5. frei von einer niedrigen Existenz als Tier, Hungriger Geist oder Höllenwesen zu sein; 6. nicht taub oder stumm zu sein; 7. nicht schwachsinnig zu sein; 8. kein langlebiger Gott zu sein.

Die *zehn Begabungen* sind fünf positive Faktoren, die sich auf die eigene Person beziehen, und fünf, die sich auf andere beziehen.

Die fünf auf die eigene Person bezogenen Begabungen sind: 1. Als Mensch geboren zu sein; 2. in einem zentralen Land zu leben; 3. alle Organe intakt zu besitzen; 4. nicht die besonders üblen Handlungen begangen zu haben, wie z.B. die eigenen Eltern zu töten; 5. Vertrauen in das Dharma zu haben.

Die fünf Begabungen der zweiten Gruppe sind: 1. Es ist ein Buddha in der Welt aufgetreten (im eigenen Fall der eigene geistige Meister); 2. er hat (ein authentisches) Dharma gelehrt;

3. dieses ist in nicht-degenerierter Form vorhanden; 4. es gibt Anwender, die den Unterweisungen folgen; 5. sie sind einem wohlgesinnt und unterstützen die eigenen Bemühungen.

Amitabha (skt., tib. wöpagme)
Einer der Buddhas aus den fünf Buddhafamilien; im besonderen die Verkörperung des Aggregats der Unterscheidung in seiner vervollkommneten Form.

Arhat (skt., tib. dratschompa)
Feindzerstörer; jemand, der Leid und die Ursachen von Leid aus seinem Geist entfernt hat, also die Hindernisse des Karma und der Kleschas beseitigt hat.

Arya (skt., tib. phagpa)
Erhöhtes Wesen; jemand, der eine direkte, vorstellungsfreie Wahrnehmung der Leerheit, der letztlichen Wirklichkeit, erlangt hat. Dieser Person ist Befreiung sicher.

Arya-Bodhisattva (skt., tib. dschangsem phagpa)
Ein Bodhisattva, der eine direkte Erkenntnis der Leerheit und damit eines der zehn Bodhisattva-Bhumis erlangt hat.

Atischa (skt., tib. dschowo dsche pälden Atischa)
Bengalischer Meister (982-1054), der unter allergrößten Mühen die besonderen Unterweisungen über die Entwicklung des Geistes der Erleuchtung von dem indonesischen Meister Suvarnadvipa nach Indien brachte. Auf Grund wiederholter Bitten des tibetischen Lama-Königs Dschang Dschub Ö kam er nach Tibet, um die dort zu jener Zeit degenerierten Unterweisungen des Dharma wiederherzustellen. Er verfaßte den berühmten Text *Die Lampe auf dem Pfad zur Erleuchtung* und begründete die Kadam-Tradition, die von Meister Dsche

Tsongkhapa als Gelug-Tradition weitergeführt wurde. Seine Unterweisungen haben alle buddhistischen Traditionen Tibets beeinflußt. Atischas direkter Hauptschüler war Dromtönpa.

Avalokiteschvara (skt., tib. tschänräsig)
Erscheinung des Erbarmens aller Buddhas.

Bardo (tib., skt. anubhava)
Zwischenzustand; der Zustand zwischen Tod und Wiedergeburt.

Bodhisattva (skt., tib. dschangtschub sempa)
Eine Person, deren Charakter vollkommen vom Erleuchtungsgeist erfaßt ist. *Siehe auch Bodhitschitta.*

Bodhisattvatscharyavatara
(skt., tib. dschangtschub sempä tschöpa la dschugpa)
Ein klassischer Text des Mahayana-Buddhismus, der von dem großen indisch-buddhistischen Yogi und Gelehrten Schantideva verfaßt wurde und alle Übungen eines Bodhisattva erläutert, von der Erzeugung des *Geistes der Erleuchtung* bis zur Vollendung der Anwendung der *Sechs Vollkommenheiten.*

Bodhitschitta (skt., tib. dschangtschub gyi sem)
Geist der Erleuchtung; eine spontane (nicht erzeugte) geistige Einstellung, die auf den Zustand der Erleuchtung gerichtet ist, diesen für das Wohl aller Wesen anstrebt und die das Kernholz des Großen Fahrzeugs darstellt. Es gibt wünschendes und ausführendes Bodhitschitta.

Buddha (skt., tib. sanggyä)
Erwachter; ein Wesen, das von den zwei Hindernissen, den Verblendungen und ihren subtilen Eindrücken frei ist und die positiven Eigenschaften wie Weisheit, Erbarmen und alle Fähigkeiten zur Vervollkommnung gebracht hat.

Buddha Schakyamuni (skt., tib. schakyathubpa)
Der erleuchtete Gautama Buddha. In der Welt allgemein als Begründer des Buddhismus bekannt. Er lebte von 563 bis 483 v. Chr. und ist die Quelle aller Unterweisungen des Dharma in unserer Epoche.

Devas (skt., tib. lha)
Götter. Eine der drei Daseinsformen der höheren Bereiche. Die beiden anderen sind die Daseinsformen der Menschen und der Halbgötter. Devas führen ein vergleichsweise angenehmes Leben, was es ihnen aufgrund vieler Ablenkungen allerdings erschwert, sich im Dharma zu schulen. Ihr Glück ist auch kein letztliches Glück, sondern ist vom alles umfassenden Leid des Daseinskreislaufes durchdrungen. Devas, die von allen Leiden freikommen möchten, streben deshalb eine menschliche Wiedergeburt an, die als beste Basis für die Anwendung von Dharma gilt.

Dharma (skt., tib. tschö)
Halten, tragen; es gibt unterschiedliche Bedeutungen des Wortes; z.B. werden alle Phänome Dharmas genannt. Dharma bedeutet aber auch Religion und hier im speziellen die Unterweisungen des Buddha, denn die Anwendung der Unterweisungen Buddhas sind ein Werkzeug, um uns aus unserem leidvollen, unfreien und mit Hindernissen behafteten Dasein herauszuhalten.

Dharmakaya (skt., tib. tschöku)
Wahrheitskörper; Grundlage aller Qualitäten; Quelle der vier Körper *(Kayas).* Der Dharmakaya oder Wahrheitskörper ist der Geist eines vollständig erleuchteten Wesens. Er ist von allen Hindernissen frei, befindet sich ständig in der direkten Wahrnehmung der Leerheit und erfaßt gleichzeitig alle Phä-

nomene so, wie sie sind. Er besteht aus dem *Weisheitskörper* oder *Dschnjana Dharmakaya*, dem alles erkennenden Aspekt des Buddha-Geistes, und dem *Essenzkörper* oder *Svabhavakaya*, dem Reinheitsaspekt des Buddha-Geistes, der sowohl von vorübergehenden Hindernissen als auch von innewohnender Identität leer ist.

Dromtönpa (tib.)

Laie und tibetischer Hauptschüler von Meister Atischa (1004-1065). Zusammen mit Kutön und dem Übersetzer Ngog gilt er als Mitbegründer der Kadam-Tradition. Im Jahre 1057 ließ er das Kloster Reting erbauen, das sich schnell zum Hauptsitz der Kadampas entwickelte. Er wird als Verkörperung *Tschänräsigs* (tib., skt. *Avalokiteschvaras*) verehrt und steht in der direkten Inkarnationslinie der Dalai Lamas.

Dsche Tsongkhapa (tib.)

Einer der großen, außergewöhnlichen tibetischen Meister; er lebte von 1357 bis 1419 und begründete die Neue Kadampa-Tradition. Diese ist auch als Gelug- oder heilsame Tradition bekannt; sie ist die am weitesten verbreitete der vier Traditionen des tibetischen Buddhismus.

Energien (skt. vayo-dhatu, tib. lung)

Die subtilen Energien sind feinstoffliche Körperenergien, deren Wesensart Bewegung ist. Sie werden mit einem Pferd verglichen, auf dem der Geist reitet; in Abhängigkeit von den feinen Energien ist der Geist fähig, sich zu bewegen. Um funktionieren zu können, ist der Geist also immer mit den subtilen Körperenergien verbunden.

Geist (tib. lo, skt. buddhi)
Die definierende Charakteristik von Geist ist, klar und erkennend zu sein. Im tibetischen Buddhismus werden die Benennungen Geist, Erkenntnis und Bewußtsein gleichbedeutend verwendet.

Gelug (tib.)
Eine der vier Traditionen des tibetischen Buddhismus, von Meister Dsche Tsongkhapa begründet.
Siehe auch Dsche Tsongkhapa und Kadam.

Gesche (tib., skt. kalyanamitra)
Heilsamer Freund; ein geistiger Meister. In der Gelug-Tradition ein Titel, den ein Mönch erreicht, der die *Fünf Großen Abhandlungen* gemeistert hat:
1. Sammlung von Unterweisungen über die Logik *(Pramana)*
2. Sammlung von Unterweisungen über die Anwendung der Vollkommenheiten im Großen Fahrzeug *(Paramita)*
3. Sammlung der Sicht des Mittleren Weges *(Madhyamika)*
4. Sammlung der klösterlichen Disziplin *(Vinaya)*
5. Sammlung der Phänomenologie *(Abhidharma)*

Hinayana (skt., tib. thegmän)
Kleines Fahrzeug; Weg und Anwendungen des Dharma, die in erster Linie das Erreichen der individuellen Befreiung aus dem bedingten zyklischen Dasein zum Ziel haben, indem die Kette von Karma und Verblendungen durchtrennt wird.

Kadam (tib.)
Eine der wichtigsten Traditionen des tibetischen Buddhismus. Die alte Kadam-Tradition wurde von Meister Atischa eingeleitet und von dessen Schüler Dromtönpa begründet. Sie wurde von Meister Dsche Tsongkhapa erweitert und ist auch unter dem Namen Neue Kadam- oder Gelug-Tradition bekannt.

Kagyü (tib.)

Eine der vier Traditionen des tibetischen Buddhismus. Sie wurde von dem bedeutenden Meister Gampopa begründet.

Karma (skt., tib. lä)

Handlung; reine und unreine Handlungen. Die unreinen Handlungen werden in heilsame, unheilsame und neutrale Handlungen des Körpers, der Rede und des Geistes eingeteilt. Heilsame und unheilsame Handlungen sind die Ursachen für die Erfahrungen von Glück und Leid innerhalb des zyklischen Daseins. Im Buddhismus gelten Handlungen, die einem selbst und anderen Lebewesen Leid zufügen oder Schaden bringen, als unheilsam. Handlungen, die einem selbst und den anderen Lebewesen Glück und Frieden bringen, werden als heilsam beschrieben.

Klescha (skt., tib. nyönmong)

Verblendung. Die sechs Wurzelverblendungen sind Haß, Begierde, Unwissenheit, Stolz, verblendeter Zweifel und verblendete Anschauung. Aus diesen sechs entstehen die zwanzig sekundären Verblendungen.

Konventionelle Wahrheit
(skt. samvirti-satya, tib. küntsob denpa)

Das abhängige Bestehen der Phänomene. Dem konventionellen Bewußtsein gewöhnlicher Wesen, die die letztliche Wirklichkeit nicht erkennen, erscheinen die Phänomene dagegen täuschenderweise als innewohnend existent.

Letztliche Wahrheit
(skt. paramartha-satya, tib. döndam denpa)

Letztliche Bestehensweise der Phänomene.
Siehe auch Schunyata.

Mahayana (skt., tib. thegtschen)
Großes Fahrzeug; Weg und Anwendungen des Dharma, die zum Ziel haben, den Zustand der vollen Erleuchtung zu erreichen, um das Wohl aller Lebewesen zu erfüllen.
Siehe auch Bodhitschitta und Bodhisattva.

Mandala (skt., tib. kyilkhor)
Es gibt verschiedene Arten von Mandalas. Das Darbringungs-Mandala beispielsweise besteht aus einem kreisrunden Boden, mehreren Ringen und einer Spitze. Mit Hilfe der Ringe werden Getreide und Edelsteine zu einem kleinen Berg angehäuft. Das Mandala symbolisiert das gesamte Universum. Gottheiten-Mandalas sind zwei- und dreidimensionale Darstellungen von göttlichen Palästen samt deren Umgebung und den darin verweilenden Gottheiten. Tantrische Meditationen stehen meist in einem direkten Zusammenhang mit einem solchen Mandala.

Niederwerfungen (skt. abhibandha, tib. tschagtshäl)
Eine körperliche, sprachliche oder geistige Handlung der Ehrerbietung. Man bringt durch die lange oder kurze Niederwerfung, bei der man sich entweder ganz auf dem Boden ausstreckt oder vor dem Objekt der Verehrung verneigt, die körperliche Niederwerfung dar; durch das Rezitieren entsprechender Texte sprachliche Niederwerfungen und durch das Entwickeln von Vertrauen und Respekt dem Objekt der Verehrung gegenüber geistige Niederwerfungen. Sie zählen zu den sogenannten vorbereitenden Übungen. Ein Anwender des Dharma sollte versuchen, alle drei Arten von Niederwerfungen durchzuführen; sie sind ein wirksames Mittel zur Bereinigung von negativem Karma und besonders wirksam gegen Stolz. Indem man die eigene höchste Stelle zu den Füßen der niedrigsten Stelle des Objekts der Verehrung beugt, gibt man zu erkennen, daß man sich vollständig und ohne jeglichen Stolz anvertraut.

Nirmanakaya (skt., tib. trülku)
Emanations- oder Formkörper eines Buddha. Der sogenannte höchste Nirmanakaya ist ein Formkörper mit 112 besonderen Merkmalen. Er kann von gewöhnlichen Wesen mit einer entsprechenden Ansammlung heilsamer Potentiale wahrgenommen werden. Buddha Schakyamuni trat als solcher höchster Nirmanakaya auf. Auch geistige Meister können Nirmanakayas sein, und es gibt auch Nirmanakayas in der Form anderer Lebewesen, z.B. Tieren, oder sogar unbelebter Objekte. Ihre eigentliche Natur ist der Weisheits-Dharmakaya.

Nirvana (skt., tib. nyangdä)
Jenseits von Leid oder *Befreiung;* der Zustand des Geistes, in dem alle Verblendungen und Leiden beendet sind und durch den ein Wesen die volle Freiheit vom zyklischen Dasein erreicht.

Nyingma (tib.)
Der Alte; die älteste der vier Traditionen des tibetischen Buddhismus.

Paramita (skt., tib. phartschin)
Vollkommenheit; Anwendungen des Mahayana-Weges, die die Lebensweise des Bodhisattva bestimmen: Geben, Ethik, Geduld, Enthusiasmus, Konzentration und Weisheit.

Pratyeka (skt., tib. ranggyäl)
Allein-Verwirklicher; eine Person, die allein in Zurückgezogenheit ihren Meditationen folgt und dadurch Erkenntnisse erlangt, durch die sie die individuelle Befreiung eines Pratyeka-Buddha erlangt. Einer der Wege des Kleinen Fahrzeugs.

Sakya (tib.)
Weißliche Erde; etwa 150 km südwestlich von Schigatse gelegener Ort und das ursprüngliche, heute teilweise zerstörte Hauptkloster der Sakya-Tradition. Eine der vier Traditionen innerhalb des tibetischen Buddhismus.

Samatha (skt., tib. schinä)
Geistige Ruhe oder *ruhiges Verweilen*; konzentrativer Zustand des Geistes, der punktförmig auf seinem Objekt verweilt und von der Erfahrung der Flexibilität begleitet ist.

Samsara (skt., tib. khorwa)
Daseinskreislauf, die Erfahrungen von Geburt, Alter, Krankheit und Tod bedingt durch Handlungen und Verblendungen.

Sangha (skt., tib. gendün)
Höchste Gemeinschaft; auf der gewöhnlichen Ebene wird die klösterliche Gemeinschaft so bezeichnet. Als eigentliche Sangha sind die Arya-Wesen zu verstehen.

Schantideva (skt., tib. schiwalha)
Bedeutender indischer Meister des Großen Fahrzeugs und Verfasser des Werkes *Bodhisattvatscharyavatara*.

Schravaka (skt., tib. nyänthö)
Hörer; Anwender eines der beiden Wege des Kleinen Fahrzeugs; Schravakas hören und bewahren die Unterweisungen der Buddhas und geben sie in authentischer Form weiter.

Schunyata (skt., tib. tongnyi)
Leerheit; die letztliche Bestehensweise der Person und der Phänomene; die Abwesenheit von innewohnender, unabhängiger Existenz.

Sechs Daseinsbereiche
Heilsame Handlungen führen zu glücklichen Daseinsbereichen wie denen der Menschen, der Halbgötter und der Götter. Unheilsame Handlungen führen zu elenden Daseinsbereichen wie denen der Tiere, hungrigen Geister und Höllenwesen.

Siebengliedriges Gebet (tib. yänlag dün)
Anwendung mit sieben Handlungen: Darbringen von Ehrerbietungen; Darbringen von Gaben; Bekennen negativer Handlungen; Freude über heilsame Handlungen seiner selbst und anderer; Bitte an die Erleuchteten, zum Wohle aller Lebewesen zu verweilen; Bitte um Unterweisungen des Dharma; Widmung des Verdienstes.

Stupa (skt., tib. tschöten)
Symbol des erleuchteten Geistes. Indisch-buddhistische Stupas sind kuppelartig gebaute Monumente, die Reliquien Buddhas oder seiner Schüler enthalten. Tibetisch-buddhistische Stupas enthalten oft die Reliquien großer Meister und bestehen aus mehreren Teilen, die die Stufen auf dem Weg zur Erleuchtung symbolisieren.

Substantielle Ursache (tib. nyerlen gyi gyu)
Die Definition lautet: Der hauptsächliche Erzeuger eines substantiellen Phänomens, das in seiner substantiellen Kontinuität steht. Am Beispiel Vase dargestellt, wäre der Ton, aus dem die Vase gebrannt wird, die substantielle Ursache, während der Töpfer lediglich ein beitragender Umstand, aber keine substantielle Ursache für die Vase ist.

Sutra (skt., tib. do)
Allgemeine Unterweisungen des Dharma, die Buddha Schakyamuni für Schüler des Kleinen und Großen Fahrzeugs gab.

Tantra (skt., tib. gyü)
Kontinuum; besondere Unterweisungen, die Buddha den Bodhisattvas gab; eine komplexe, fortgeschrittene Meditationsmethode, mit der das subtile Kontinuum der Wesen in die *Drei Körper des Buddha* umgewandelt werden kann.

Tara (skt., tib. drölma)
Weibliche Erscheinung aller Aktivitäten der Buddhas.

Vadschrasattva (skt., tib. dordsche sempa)
Erscheinung der bereinigenden Kraft aller Buddhas.

Vier philosophische Schulen des Buddhismus
(skt. siddhanta, tib. drubtha)
Lehrmeinung; das Studium der philosophischen Anschauungen der klassischen buddhistischen und nicht-buddhistischen Schulen. Die vier Schulen der buddhistischen Philosophie sind *Vaibhaschika, Sautrantika, Tschittamatra* und *Madhyamika.*

Yidam (tib., skt. ischtadevata)
Meditations-Gottheit; Erscheinung der Buddhas in der Anwendung tantrischer Meditationen.

Zentrum (skt. chakras, tib. khorlo)
Die Kreuzungspunkte der Energiekanäle in verschiedenen Teilen des Körpers.

Edition Rabten

Publikationen

Weitere Titel aus dieser Taschenbuchreihe

Gesche Rabten

Über den Tod hinaus

ISBN 3-905497-41-7

Was geschieht, wenn wir sterben?
Was kommt danach?
Kann man Sterbenden helfen?

Gonsar Rinpotsche

Tantra der 21 Taras

ISBN 3-905497-32-8

Eine Einführung in buddhistisches Tantra anhand der Meditation dieser speziellen Erscheinung der Tara

Gesche Rabten

Inneren Frieden bewahren

ISBN 3-905497-13-1

Es ist unmöglich, alle Feinde zu besiegen
und mit allen Wesen Freundschaft zu schließen.
Wenn wir aber den Ärger im eigenen Geist beseitigt haben,
ist das, als hätten wir alle Feinde überwunden.

Gonsar Rinpotsche

Essentielle Punkte der Meditation

ISBN 3-905497-48-4

Meditation – mentale Gymnastik? Entspannung? Kraftquelle? Ein Mittel, um den Geist zu verändern?

Gesche Rabten

Mahamudra

Weg zur Erkenntnis der Wirklichkeit

ISBN 3-905497-42-5

Gesche Rabten

Stufen des Bewußtseins

ISBN 3-905497-23-9

Wissen wir, wie unser Geist funktioniert? Kennen wir seine Eigenschaften im Schlaf und im Traum?

Gonsar Rinpotsche

Egoismus besiegen

ISBN 3-905497-34-4

Schiebe alle Schuld auf eines, und meditiere über die Güte aller Wesen.

Gesche Rabten

Mönch aus Tibet

Gebunden, 328 Seiten (32 Farbseiten)
ISBN 3-905497-29-8

«Abgesehen von der spürbaren Anregung, die von Gesche Rabtens Leben ausgeht, zeigt seine Biographie, daß Studium und Anwendung von Dharma ein langsamer Vorgang ist, der viel Geduld und Zielstrebigkeit erfordert. Es dürfte wohl das erste im Westen veröffentlichte Buch über das Leben eines Gesche sein, und das sollte es sowohl interessant als auch aufschlußreich machen.»

Seine Heiligkeit, der 14. Dalai Lama

Die eindrucksvolle Lebensgeschichte Gesche Rabtens, eines außergewöhnlichen buddhistischen Meisters unserer Zeit.

Auch in englischer Sprache erhältlich.

Gesche Rabten

Schatz des Dharma

Gebunden, 316 Seiten (4 Farbseiten)
ISBN 3-905497-11-5

Das sorgfältig zusammengestellte und überarbeitete Buch vermittelt einen sehr guten Einblick in die Grundlagen des tibetischen Buddhismus und seines Stufenweges zur Erleuchtung (Lamrim). Es ist informativ, liest sich flüssig und liefert eine stabile Basis für Studium und Anwendung.

Lotusblätter

Dieses Buch ist die Niederschrift des ersten Meditationskurses, den Gesche Rabten im Westen gab (1974).

Auch in französischer und englischer Sprache erhältlich.

Gonsar Rinpotsche

Tantra
Einführung und Grundlagen

Taschenbuch, 192 Seiten
ISBN 3-905497-51-4

Tantra – was es ist, was es nicht ist!

Ein alle Aspekte buddhistisch tantrischer Praxis erhellendes Grundlagenwerk und Handbuch für Studium und Anwendung in einem.

Weitere Titel aus dieser Reihe:

Buddhismus – *Eine Einführung*
67 Seiten, ISBN 3-905497-25-5
Zufluchtnahme – *Bedeutung und Hintergründe*
56 Seiten, ISBN 3-905497-09-3
Erscheinung und Leerheit – *Eine Einführung*
100 Seiten, ISBN 3-905497-26-3

Gesche Rabten

(Band 3) Konzentrative und analytische Meditation

Seidengebunden, 116 Seiten

Konzentrative und analytische Meditation sind die Mittel, um den Geist zu einem geeigneten Werkzeug für die Anwendung von Dharma zu machen. Der Geist erlangt die Fähigkeit, Objekte einsgerichtet und fehlerfrei zu erkennen.

Die *seidengebundene Reihe* von Gesche Rabten gibt einen Überblick über die Anschauungen und Anwendungen des tibetischen Buddhismus.

Weitere Titel aus dieser Buchreihe:

Band 1 **Einführung in Dharma**, 126 Seiten
Band 2 **Wichtig zu wissen**, 106 Seiten
Band 4 **Das Große Siegel**, 92 Seiten
Band 5 **Wurzel der Weisheit**, 110 Seiten

Weitere Titel aus unserem Programm

Gonsar Rinpotsche

Die vier Freunde

Gebunden, farbig illustriertes Kinderbuch, 28 Seiten
ISBN 3-905497-14-X

Dokhang Khangtsen

The Oral Transmission

Compact Disc, 60 Minuten Spieldauer
Seltene Aufnahme tibetisch-buddhistischer Meditationsrituale

Lernen Sie spielend tibetisch schreiben!

Tibetisch aktuell

Font, Browser, Notepad
ISBN 3-905497-27-1

Eine aufschlußreiche Einführung in die tibetische Schrift und Sprache und ein vergnügliches Multimedia-Programm mit tibetischer Textverarbeitung und jederzeit aktivierbarer Aussprache.

Auch in englischer Sprache erhältlich.

Studienzentrum und Verlag

Das *Tibetische Hochschul-Institut Rabten Choeling* wurde 1977 vom Ehrwürdigen Gesche Rabten Rinpotsche auf dem Mont-Pèlerin in der Schweiz gegründet. Es bietet Ordinierten und Laien die Möglichkeit, alle Aspekte des tibetischen Buddhismus in authentischer Weise zu studieren. Das volle Studium ist auf sieben Jahre angelegt. Zusätzlich werden regelmäßig auch öffentliche Wochenendseminare und Meditationswochen veranstaltet, die sowohl allgemeine Aspekte des Buddhismus als auch spezielle Anwendungen und Meditationen behandeln.

Zahlreiche Studiengruppen in mehreren Schweizer Städten werden vom Abt Rabten Choelings, dem Ehrwürdigen Gonsar Rinpotsche, und einer Reihe anderer Lehrer des Instituts betreut. Fortlaufend werden dort Texte und Kommentare früher indischer und tibetischer Meister studiert. Ähnliche Veranstaltungen finden in den angegliederten Zentren Tashi Rabten und Deleg Rabten (Österreich) wie auch in Püntsok Rabten (Deutschland) statt.

Die *Edition Rabten* ist der hauseigene Verlag Rabten Choelings. Wir sind bemüht, den Inhalt der Unterweisungen Buddhas und die kostbaren Ratschläge unserer Meister in der Form zeitgemäßer Bücher in verschiedenen Sprachen und mittels anderer Medien zu veröffentlichen. Sie sollen anregen, die friedliebende und gütige Natur des eigenen Geistes so zu entwickeln, wie Buddha es aufgezeigt hat.

Darüber hinaus bieten wir eine Reihe interner Studientexte an. Darunter befinden sich einführende und weiterführende Literatur ebenso wie seltene tibetische Originaltexte. Unsere speziell entwickelten interaktiven Computerprogramme ermöglichen eine effiziente Textverarbeitung in tibetischer Sprache.

Fordern Sie bitte unseren Katalog an, oder besuchen Sie uns im Internet!

Kontaktadressen

Rabten Choeling
Centre des Hautes Etudes Tibétaines
CH-1801 Le Mont-Pèlerin/VD
Tel.: 0041/21 921 36 00

Tashi Rabten
Letzehof
A-6800 Feldkirch
Tel.: 0043/5522 70611

Deleg Rabten
Neder 16
A-6094 Grinzens
Tel.: 0043/5238 54324

Püntsok Rabten
Verein zur Förderung der Kultur und Weisheit Tibets
Frundsbergstr. 31
D-80634 München
Tel.: 0049/89 160020

Das aktuelle Kursprogramm von Rabten Choeling und den angegliederten Zentren finden Sie auch im Internet.
www.buddhism.edu
www.letzehof.at
e-mail: **info@rabten.com**